知る、考える

裁判員制度

竹田 昌弘

岩波ブックレット No. 727

はじめに

二〇〇九年五月から裁判員制度が始まります。

くじで選ばれた二十歳以上の市民(有権者。在日外国人はふくまれません)が地元の地方裁判所(地裁)で裁判員となり、裁判官といっしょに、殺人や強盗致傷、危険運転致死など、重大な刑事事件の一審を担当します。

一つの事件を担当するのは原則として裁判員六人、裁判官三人です。裁判員が病気などで欠員となったときに備え、補充裁判員が選ばれることがあります。

裁判員は具体的に何をするのかというと、まず公開の法廷で、検察官が被告を裁判にかけた犯罪の内容(**起訴《きそ》事実**)、それに対する被告と弁護人の言い分、検察側・弁護側双方の**証拠**、**証人尋《じん》問《もん》**などを見たり、聞いたりします。被告や証人に質問することもできます。

その後、非公開の部屋に移り、それぞれ意見を述べ合う**評議《ひょうぎ》**をして、被告が**有罪**か**無罪**か、有罪と判断した場合はどんな刑を科《か》すかを決め、判決を言い渡します。

未成年者が被告のケースで、刑罰よりも少年院などで矯正《きょうせい》教育を受けたほうがいいと判断した場合、事件を家庭裁判所(家裁)に移送する決定もできます。すべて裁判官との共同作業で、裁判員と裁判官の権限は同等です。

裁判員が加わった裁判は、「**裁判員裁判**」と呼ばれます。二〇〇六年に全国の地裁に起訴された刑事事件（約十万六千件）のうち、裁判員裁判の対象事件は三千百十一件でした。そのすべてで裁判員六人と補充裁判員二人が選任されたと仮定し、同年九月の有権者数で試算すると、裁判員や補充裁判員になる確率は約四千百六十人に一人です。

この本では、まず「あなたが裁判員になったら」と題して裁判員制度の仕組みを見ていきます。次いで「どうして導入されるのか」、「どんな問題点、課題があるのか」、「どのような影響があるのか」について順次説明していきます。

簡単に言えば、〈市民は選挙で投票するように、主権者として裁判でも意見を述べ、専門家に任せていたら行きづまりつつある刑事司法を改革してみよう〉、〈専門家たちが設計した制度には、必ずしも市民本位ではないという問題点はあるけれど、もしかすると、世の中に大きな影響を与えるかもしれない〉といったところでしょうか。数多く主張されている導入反対論も見たうえで、制度について考えてみましょう。

じつは、市民が参加する裁判制度は、国民主権の民主主義国のほとんどで採用されています。事件ごとに選ばれた市民だけで主として有罪・無罪を決める**陪審《ばいしん》制度**は、数百年の歴史があるイギリスをはじめ、アメリカ、カナダ、ロシアなどで導入されています。

韓国は二〇〇八年から陪審制度をスタートさせ、日本でも戦中に停止されるまで、十五年にわたって陪審制度を採用していました。

ドイツ、フランス、イタリアなどは、市民が裁判官といっしょに審理し、有罪・無罪と有罪のときの刑も決める**参審制度**《さんしん》です。フランスは少し違いますが、ドイツやイタリアなどでは、裁判に加わる参審員は一定の任期を務めます。

裁判員制度は基本的に参審制度で、裁判員を事件ごとに選ぶやり方は陪審制度に似ています。制度導入の経緯や制度の問題点などの章で、外国の制度や日本の旧陪審制度も紹介します。

司法には、多数決の国会で制定された法律が憲法に違反していないかを審査し、多数決の論理のなかで権利を侵害された少数者を良心と法、証拠にもとづいて救済する重要な役割があります。検察官が有罪を証明できなければ、被告に無罪を言い渡すのも、その役割にふくまれています。

司法は裁判所、法務省・検察庁、弁護士会にそれぞれ所属する裁判官、検察官、弁護士（まとめて「**法曹**《ほうそう》」と言います）という専門家によって主として運営されてきましたが、法曹には清廉《せいれん》性はもちろん、その重要な役割を果たすために、広い視野や謙虚《けんきょ》さ、冷静さなどが必要です。しかし、それらを持ち合わせない人もなかにはいて、検察庁のある幹部は「誰からも掣肘《せいちゅう》（かたわらから干渉し、自由な行動を妨げること）を加えられないと、おごりや重大な誤りが生じてしまう。国民は裁判員制度を通じて、司法や法曹をチェックしてほしい」と話しています。

裁判員はそうした役割を果たし、司法にとってなくてはならない存在になれるでしょうか。それが裁判員制度の是非《ぜひ》を考えるうえでも、重要なポイントだと思います。

一方、裁判員制度の導入をきっかけに、裁判官や弁護士、あるいは国会議員などから「いまの事件報道は、逮捕された被疑者を有罪が確定した犯人のように報じているので、裁判員に予断《よだん》や偏見を与え、公正な裁判の実現を妨げる」といった指摘が相次ぎ、事件報道を規制するような法律が一時、検討されました。

報道機関には、司法をふくめた権力機関の監視に加え、不当に権利を侵害された少数者の声を伝えるという、司法と似た役割もあります。そのためには、「**司法権の独立**」と同じように、「**報道の自由**」が不可欠です。また、政府に報道を制限され、戦争に協力した反省が戦後の報道機関の原点なので、権力機関からのいかなる規制も認めるわけにはいきません。

ただ、独りよがりなことをやっていると、市民の支持を失ってしまうので、報道機関で働く者も広い視野を持ち、いつも謙虚に、冷静に仕事をして、市民に必要な情報を提供していかなければなりません。公正な裁判の実現に向けて、報道機関には、どのような自主的な取り組みが求められているのか。最後の章では、事件報道と裁判員制度について考えてみます。

各章はこれまでの取材にもとづいて構成し、情報の出所は注などにできる限り明示しました。記載がないのは、私が直接見聞きした内容です。新聞やテレビと表現をそろえてわかりやすくするため、「被疑者」、「被告人」を、「容疑者」、「被告」に言い換え、「手続」などの〝お役所表記〟には送りがなをつけ、日常語にしました。全章にわたって、『法律学小辞典〈第４版〉』(金子宏、新堂幸司、平井宜雄編集代表、有斐閣)、『模範六法　２００８』(三省堂)、『解説　裁判員法』(池田修、弘文堂)、『刑事訴訟法講義〈第２版〉』(池田修、前田雅英、東京大学出版会)、『事件報道と裁判員制度〈改訂コンパクト版〉』(共同通信社裁判員制度検討委員会事務局、部内資料)を参考にしました。

Ⅰ　あなたが裁判員になったら――裁判員制度の仕組み

それでは、あなたが裁判員に選ばれ、殺人事件を審理するという想定で、まず裁判員制度の仕組みを見ていきましょう【注1】。

裁判員候補者名簿に載る

あなたのもとに、**地裁**【注2】から翌年の**裁判員候補者名簿**に載ったという通知が届きました。

裁判員候補者名簿は、各市区町村の選挙管理委員会が地元の地裁から指定された人数を有権者の名簿からくじで選び、地裁が担当エリア内の各市区町村選挙管理委員会で選ばれた人を集めて作成します【注3】。毎年作成され、**名簿記載通知**が届くのは、前年の十一月か十二月です。この名簿には氏名、住所、生年月日が記載され、性別や職業の欄はありません。

裁判員候補者名簿に記載される人は、全国で三十万人近くにのぼると言われています。

裁判員法【注4】と**裁判員の辞退事由《じゆう》を定める政令**【注5】には、裁判員にな

【注1】東京地裁で二〇〇八年一月二十九―三十一日に開かれた模擬裁判の想定事件をもとに構成し、最高裁判所（最高裁）のホームページ（HP）の「裁判員制度Q＆A」（http://www.saibanin.courts.go.jp/qa/index.html）、「裁判員制度ナビゲーション」（http://www.saibanin.courts.go.jp/news/navigation.html）などを参考にしました。

【注2】地裁は全国の都道府県庁所在地と釧路、旭川、函館に本庁が五十カ所あり、二百三カ所に支部も置かれています。裁判員裁判が実施されるのは、本庁すべてと支部のうち十カ所（郡山、八王子、小田原、沼津、浜松、松本、岡崎、堺、姫路、小倉）の計六十カ所です。

裁判員の選任と裁判員裁判の手続き(原則)

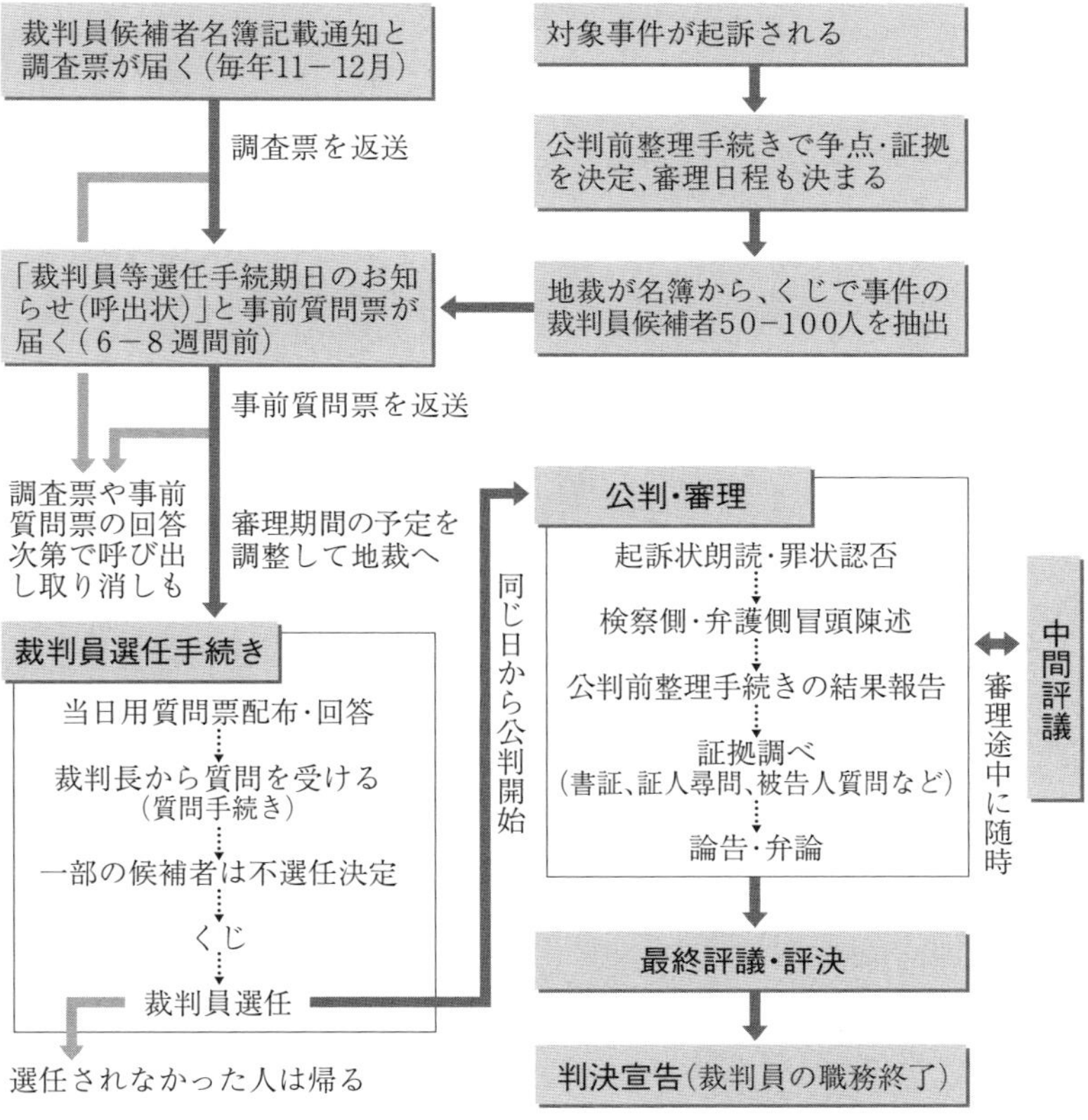
裁判員候補者名簿記載通知と調査票が届く(毎年11—12月)
調査票を返送
「裁判員等選任手続期日のお知らせ(呼出状)」と事前質問票が届く(6—8週間前)
事前質問票を返送
調査票や事前質問票の回答次第で呼び出し取り消しも
審理期間の予定を調整して地裁へ
裁判員選任手続き
当日用質問票配布・回答
裁判長から質問を受ける
(質問手続き)
一部の候補者は不選任決定
くじ
裁判員選任
選任されなかった人は帰る
同じ日から公判開始
対象事件が起訴される
公判前整理手続きで争点・証拠を決定、審理日程も決まる
地裁が名簿から、くじで事件の裁判員候補者50—100人を抽出
公判・審理
起訴状朗読・罪状認否
検察側・弁護側冒頭陳述
公判前整理手続きの結果報告
証拠調べ
(書証、証人尋問、被告人質問など)
論告・弁論
中間評議
審理途中に随時
最終評議・評決
判決宣告(裁判員の職務終了)

【注3】裁判員法二〇—二三条。名簿作成作業は毎年七月十五日から始まります。二〇〇八年のこの日から裁判員制度が事実上スタートします。

【注4】正式名称は「裁判員の参加する刑事裁判に関する法律」。刑事裁判は刑事訴訟法と裁判所法にしたがっておこなわれていますが、その特則として、裁判員裁判に必要な条項が定められています。二〇〇九年五月二十一日から施行(法律の効果を実際に発生させること)されます。条文は法務省のHP(http://law.e-gov.go.jp/announce/H16HO063.html)参照。

【注5】「事由」とは、直接の理由・原因となっている事実のこと。裁判員の辞退事由について、裁判員法は同法の規定に加え、政令(政府が制定する命令)でも定めるとし、政令は二〇〇八年一月に制定されました(一〇八ページ参照)。八—九ページの〈10〉—〈13〉などが政令に定められた辞退事由です。政令全文は法務省のHP(http://law.e-gov.go.jp/

れない人（**欠格事由【注6】**）、裁判員を務めることができない人（**就職禁止事由【注7】**）、希望すれば裁判員を辞退できるケース（**辞退事由**）が、それぞれ定められています。このうち、主な辞退事由は次の通りです（裁判員法一六条と辞退事由を定める政令）。

〈1〉七十歳以上
〈2〉地方自治体の議員で、議会の会期中
〈3〉常時通学する課程に在学中の学生・生徒
〈4〉過去五年以内に裁判員や**検察審査《けんさつしんさ》会《かい》【注8】**の審査員を務めた人
〈5〉過去一年以内に裁判員候補者として裁判所に行った人
〈6〉重い病気やけがで、裁判所に行くことが困難
〈7〉親族や同居人の介護や育児、入通院の付き添いをする必要がある
〈8〉重要な仕事があり、自分がやらなければ大きな損害が生じるおそれがある
〈9〉親族の葬式、結婚式など、日程を変更できない社会生活上の重要な用事がある
〈10〉妊娠中や出産後八週間以内
〈11〉妻や娘の出産に立ち会う必要がある

announce/H20SE003.html9）参照。

【注6】裁判員法一四条。〈1〉国家公務員になれない人、〈2〉義務教育を終了していない人、〈3〉禁固刑や懲役刑に処せられた人、〈4〉心身の障害で裁判員を務めるのには大きな支障がある人は裁判員になれません。〈1〉は、認知症や知的障害などで生活や財産を保護する成年後見人がついている人、懲戒免職処分から二年が経過していない人、政府を暴力で破壊することを主張する団体のメンバーなど。義務教育を終了した人と同等以上の学識がある人は〈2〉に該当しません。〈3〉は**執行猶予**（情状酌量によって服役を一定期間猶予し、その期間が過ぎれば刑の言い渡しは消滅するが、期間中に再び罪を犯すと取り消される）の期間中もふくみます。刑を終えた後、罰金以上の刑を受けないで十年を経過した人は〈3〉に該当しません。

【注7】裁判員法一五条。国会議員、各大臣、国の行政機関の幹部職員、都道府県知事、市区町村長ら立法・

〈12〉裁判員候補者名簿に記載された後、遠隔地に転居し、以前の住所地を管轄《かんかつ》する地裁に行くことが困難
〈13〉裁判員を務めた場合などに、自分や第三者に身体上、精神上、経済上の重大な不利益が生じる

こうした規定があるため、各地裁は名簿記載通知に**調査票**《ちょうさひょう》を同封します。調査票では、就職禁止事由や辞退事由などを説明し、「裁判員を務めることができない人に該当《がいとう》するか」、「辞退できるいずれかのケースにあたるか。あたる場合、一年を通じて辞退を希望するか」、「裁判員となることが困難な特定の月があるか。ある場合、その月の辞退を希望するか」について、マークシート方式で質問します。

調査票の目的は、裁判員を務めることができない人や辞退が認められる人を早めに把握《はあく》し、事件の裁判員候補者として裁判所に来てもらう手間を省くためです。受け取った人は調査票に回答を記入し、返信用封筒に入れて地裁に送り返します。

たとえば、裁判員を務めることができない警察官や自衛官などの場合、身分証明書のコピーを添付して調査票を返送した段階で裁判員候補者名簿から外《はず》されます。また、農業をしている人は収穫などで忙しい月を、企業

行政の中枢をになう人、裁判官、検察官、弁護士、司法書士、警察官、裁判所職員、法務省職員、大学・大学院の法律学の教授・准教授ら司法関係者、緊急事態に出動する自衛官のほか、死刑・懲役・禁固刑が定められている罪で起訴され、裁判が終わっていない人、逮捕・**勾留**（逃亡や証拠隠滅のおそれがあるなどとして、容疑者・被告を刑事収容施設に拘禁すること、新聞では「拘置」）されている人は裁判員を務めることができません。裁判官、検察官、弁護士は辞めた後も同様です。

【注8】検察官は容疑者を起訴するかどうか決める権限を持っていますが、それが適正かどうかを有権者がチェックする機関が検察審査会で、司法への市民参加の限られた機会です。各地裁に置かれ、有権者からくじで選ばれた十一人が審査員（任期六カ月）となります。検察官が**不起訴処分**（証拠不十分・不存在、裁量による**起訴猶予**）にした事件について、被害者側などから申し立てを受け、

の経理部門に所属している人なら多忙な決算期をそれぞれ記載し、その時期の辞退を希望すれば、配慮される見通しです。

裁判所から「呼出状」

翌年のある月、今度は**裁判員等選任手続期日のお知らせ**(**呼出状**《よびだしじょう》)と**質問票**が裁判所から送られてきました。**裁判員裁判の対象事件【注9】**が起訴《きそ》され、その裁判員候補者として、あなたは前記の名簿から、くじ(コンピュータを使った抽選)で選ばれたのです。

あなたは「手続」、「呼出状」という、送りがなのない、ふだん使わない用語に違和感を覚えるかもしれません。また、カッコ内とはいえ「呼出状」というタイトルにも抵抗を感じるかもしれません**【注10】**。しかし急病など正当な理由なく、指定日時に地裁へ行かないと、十万円以下の**過料**《かりょう》**【注11】**を支払わされることがあります。

「お知らせ」と「質問票」は、裁判所へ行く日の約六週間前(裁判に時間がかかる事件の場合は約八週間前)までに届きます。「お知らせ」には、裁判員に選ばれた場合に担当する事件や被告名は書かれていませんが、裁判にかかる予想日数(「**職務従事予定期間**」と言います)**【注12】**が記載されています。今回の想定事件では三日とします。

あるいは審査会が取り上げて審査し、「起訴相当」、「不起訴不当」を議決したときは、各地方検察庁(地検)が処分を再考します。二〇〇九年五月から「起訴相当」と議決しても地検が起訴しないとき、審査会が再び審査し、起訴を議決すると、地裁が指定した弁護士が検察官役となって容疑者を起訴できるようになります。

【注9】裁判員法二条。対象事件は刑法などに定められた刑(法定刑)と罪の種類で決まり、〈1〉法定刑の最高が死刑や無期懲役・禁固にあたる罪の事件、〈2〉裁判官三人で担当するよう法律で定められている事件(法定合議事件、法定刑の下限が一年以上の懲役・禁固にあたる罪で、強盗罪などを除いたもの)で、故意の犯罪行為によって被害者を死亡させた事件(〈1〉を除く)となっています。

殺人、強盗殺人、強盗致傷、現住建造物等放火、強姦致死傷、身代金目的誘拐のほか、通貨偽造、覚せい剤の密輸・製造、銃の発射などが〈1〉の事件です。〈2〉としては、傷

裁判所がくじで選ぶ候補者は、通常の事件で五十人、裁判に時間がかかる事件で百人程度の予定です。一事件あたりの候補者を五十人とし、二〇〇六年の対象事件数と有権者数で試算すると、候補者として地裁に呼び出されるのは全国で約十五万五千人で、約六百六十人に一人の割合となります。裁判員制度がスタートし、各地裁に来ない裁判員候補者が少なければ、呼び出される人はもっと少数になるかもしれません。

質問票には辞退事由のくわしい説明があり、辞退が認められるケースにあたるか、あたる場合、辞退を希望するかについてたずねられます。候補者は必ず、質問票に回答しなければなりません。うそを書くと、五十万円以下の罰金や三十万以下の過料を支払わされることがあります。先に述べた調査票には、回答する義務やうそを記載した場合の罰則はありません。

裁判所は質問票の回答と先に送ってもらった調査票の内容を見て、この段階で辞退の希望を認めるかどうか判断するので、辞退事由を証明する資料があれば、コピーを添付するといいでしょう。たとえば、親の介護が必要なので辞退を求める人は介護保険証のコピーを送ります。

八—九ページにある辞退事由のうち、〈8〉の「重要な仕事があり、自分がやらなければ大きな損害が生じるおそれがある」と〈13〉の「裁判員を務めた場合などに、自分や第三者に身体上、精神上、経済上の重大な不利益

害致死や危険運転致死、監禁致死、特別公務員暴行陵虐致死（検察官、警察官、刑務官らが容疑者・被告らに暴行したり、虐待したりして死亡させた罪）などがあります。

二〇〇六年の対象事件を見ると、強盗致傷九百三十九件、殺人六百四十二件、現住建造物等放火三百三十一件、強姦致死傷二百四十件、などの順です。

【注10】最高裁の「裁判員制度Q&A」では、裁判員法二七条二項は、裁判員候補者の呼出しは「呼出状」の送達によってすることと定めています。「呼出し」や「呼出状」という用語は、民事訴訟の当事者や証人の呼出しなど他の法律にも多く規定されています、と説明しています。

【注11】規律や義務に違反する行為などに対し、金銭を徴収する制裁。罰金と違い、刑罰ではありません。

【注12】最高裁は裁判員裁判のうち、二日以内に二割、三日以内に五割、五日以内に二割が終わり、五日を超える事件は一割とみています。

が生ずる」は、該当するのではないかと考える人が多いと思います。

裁判所は〈8〉について、会社などの規模のほか、仕事の日程を変更できるか、誰かに仕事を代わってもらえる可能性があるか、休むことでどれだけの影響が出るかなどの点を検討し、判断することにしています【注13】。

〈13〉については、刑事裁判をすることへの心理的な不安が大きく、裁判員を務めた場合、体調を崩す可能性がきわめて高い人や、死刑を言い渡すこともあり得る裁判員になることに宗教的信念から強い葛藤《かっとう》を覚える人、海外旅行の高額なキャンセル料が発生する場合などが想定されています。また、過疎地《かそち》に一人しかいない医師が裁判員になると、第三者の住民に重大な不利益が生じると思われるので、〈13〉に該当するとみられます。

辞退できるかどうかは各裁判所が個別に判断しますが、裁判員制度の開始後、判断例が多くなればなるほど、一定の基準が見えてくるでしょう。

裁判所は質問票の回答と先に送ってもらった調査票の内容を見て、この段階で、辞退の希望を認めるかどうか判断します。辞退を認められた候補者は呼び出しを取り消されますが、裁判所が質問票と調査票だけで判断できなかった人は、地裁に行くことになります。

裁判長が質問

【注13】最高裁は職種ごとに聞き取り調査し、たとえば、インフルエンザ流行期の医師、新学期の学級担任教師、成人式シーズンの美容師、重要な得意先と接待ゴルフがある営業マンらの辞退希望に配慮する意向です。

東京地裁が協力企業の社員名簿から くじで裁判員役の候補者を選び、二〇〇七年五月に実施した模擬裁判では、「海外の会議に人事部門の代表者として出席する」、「会議の意見を取りまとめる責任者」、「専門知識を要する仕事があり、誰かが代わりを務めるのは困難」、「異動が発令され、仕事の引き継ぎなどで多忙」という理由で辞退が認められました。

一方「来月留学する予定で、引き継ぎで忙しい」、「講師をしている大学で授業がある」、「介護施設にいる母親が倒れたとき、緊急連絡が入る」という事情での辞退の申し出は、

裁判員選任手続きは、すべて非公開です。裁判所が候補者を呼び出すのは、午前九時半のケースが多いとみられます。呼び出された候補者は、あなたをふくめて五十人とし、うち三十人が来たことにします【注14】。

地裁に着いたあなたは、ほかの候補者といっしょに、長机が並べられた教室のような部屋に集まりました。地裁の職員から裁判員制度の説明を受け、裁判員に選ばれた場合に担当する事件と被告名を告げられました。その後、**当日用質問票**を渡され、回答を記入するよう言われました。

当日用質問票では「被告人、被害者と関係があったり、捜査に関与するなど、この事件と特別な関係があるか」、「あなたや家族などの身近な人が、今回の事件と同じような犯罪の被害に遭《あ》ったことがあるか」、「今回の事件のことを報道などを通じて知っているか」などとたずねられます。被告や被害者と関係があったり、家族が同様の被害に遭ったことがある場合は、具体的に記載します。報道に関する質問の回答は「知らない」、「ある程度知っている」、「くわしく知っている」のなかから選びます。

こうした質問をするのは、裁判員法に、審理する事件の被害者、被告や被害者の親族、同居人、被告や被害者に雇われている人、事件を告発した人、事件の証人や鑑定《かんてい》人らのほか、裁判所が「不公平な裁判をするおそれがある」と認めた人は、裁判員となることができないと、裁判員の**不適格**《ふてきかく》

それぞれ「引き継ぎにはまだ時間がある」、「補講で対応できる」、「緊急性が具体化していない」として、認められませんでした。

【注14】裁判員法一〇〇条は、労働者が裁判員候補者になったり、裁判員に選任されるなどしたことを理由に、解雇などの不利益な取り扱いをしてはならないと定めています。

事由《じゆう》が定められているからです（一七条、一八条）。

　あなたが当日用質問票に回答を記載すると、別の部屋に一人で行くように言われました。その部屋では、**裁判官**【注15】三人（うち一人が裁判長）と地裁の職員、**検察官**【注16】、**弁護人**【注17】ら十人近い人が机を囲んでいました。会社の採用面接を受けるときのように空いたいすに座り、裁判長から質問を受けるのです。**質問手続き**と呼ばれています（裁判員法三四条）。

　裁判長は、調査票や「裁判員等選任手続期日のお知らせ」に同封されていた質問票（当日用質問票と区別するために**事前質問票**と呼ばれます）、当日用質問票の回答を参考に、個別に質問します。辞退を求めた候補者のうち、調査票と事前質問票では判断できず地裁に来てもらった人からは改めて事情を聴き、辞退を認めるかどうかを決めます。

　たとえば、事前質問票に「ラーメン店を経営し、自分がいないと営業できない」と記載し、前記の〈8〉の「重要な仕事があり、自分がやらなければ大きな損害が生じるおそれがある」に該当するとして辞退を求めたのに、呼び出しを取り消されなかった人には、裁判長から「調理するのはあなただけですか」、「代わりの人はいませんか」という質問があると想定されます。「一人で料理をつくり、代わりを頼める人はいないし、その費用も出せない」などと答えれば、辞退できるとみられます。

【注15】裁判官には最高裁長官（一人）、最高裁判事（十四人）、高等裁判所（高裁）長官（八人）、判事（約千六百人）、判事補（約九百五十人）、簡易裁判所（簡裁）判事（約八百人）の六種類があり、裁判員裁判を担当するのは判事か判事補です。判事補は司法試験に合格し、司法修習を終えてすぐ任命され、十年務めると、ほとんどが判事になります。判事は検察官や弁護士、法律学の大学教授などを十年以上務めた人もなれますが、大半は判事補から登用されています。

【注16】検察官は公益の代表者として、いかなる犯罪も捜査することができ、容疑者を起訴し、裁判の一方の当事者となります。裁判所に適正と考える刑を求め、死刑の執行に立ち会うなど、確定した刑が間違いなく科されているかも監督します。

　検察官には、最高裁に対応する最高検察庁（最高検）の検事総長（一人）、

地裁の職員から説明を聞く裁判員候補者

質問手続きに臨む裁判員候補者

次長検事（一人）、高裁に対応する高等検察庁（高検）の検事長（八人）、検事（約千五百人）、副検事（約九百人）の五種類あり、裁判員裁判を担当するのは、主に地検の検事です。

【注17】弁護人は刑事手続きで容疑者・被告を助け、その権利を守る人で、弁護士が務めます。容疑者・被告が選任する**私選弁護人**のほか、貧困などの理由から裁判所が選任する**国選弁護人**があり、裁判員裁判では、どちらかが必ず被告についています。法律以外の特定分野について助言を得るため、地裁は弁護士以外の人を「特別弁護人」に選任することもできますが、ほとんど例がありません。

また、裁判長は質問を通じて、その候補者が不公平な裁判をするおそれがあるかどうかを判断します。当日用質問票に「被告人と同じ会社で働いていた」、「同様の犯罪被害に遭ったことがある」と回答した候補者には「事件との関係や被害の経験を離れて、証拠にもとづいて公平に判断できますか」とたずねます。「事件のことを報道でくわしく知っている」と回答した候補者には「どの程度くわしく知っていますか」、「事件をどのように考えていますか」、「報道に左右されることなく、法廷で見たり聞いたりした証拠だけにもとづいて判断できますか」などと質問していきます。

捜査にあたった警察官の証人尋問が予定されている場合には、「警察の捜査がとくに信用できると思う事情、あるいは逆に信用できないと思う事情がありますか」、死刑を適用するかどうかが争われる事件では、「起訴された罪について法律は死刑も定めています。有罪の場合、法律に定められた刑を前提に判断できますか」といった質問も想定されています。

裁判長による質問は過度にプライバシーに立ち入ることなく、必要最小限度にとどめる方針です【注18】。質問時間は一人数分の見通しで、そんな短時間で判断できるのかという疑問の声が上がっています【注19】。質問手続きを集団で実施する場合もあります。

裁判長は質問の回答を聞き、不公平な裁判をするおそれがあると判断し

【注18】最高裁HPの「裁判員選任手続のイメージ案」(http://www.saibanin.courts.go.jp/topics/06_11_17_tetuzuki_image.html)。

【注19】アメリカの陪審員選任手続き

た場合、その候補者の**不選任の決定**をします。不選任の決定は、候補者の面前ではおこないません。

検察官と弁護人が不選任請求

検察官と弁護人には、裁判員選任手続きの二日前までに、候補者の名前だけを記載した名簿が渡されます。選任手続き当日には、候補者が回答した事前質問票と当日質問票のコピーを見ることができます。候補者の住所、生年月日を伝えず、名簿や事前質問票の開示を直前にしているのは、それぞれに有利な候補者を捜す調査をさせないためです。

また質問手続きで、検察官や弁護人は候補者に質問できず、裁判長に「○○について聞いてほしい」と要請することができるだけです。裁判長はその質問を適当と判断した場合、たずねます【注20】。

裁判長による質問が終わった後、検察官と弁護人は事前質問票、当日用質問票の内容や裁判長の質問に対する回答から、「不公平な裁判をするおそれがある」などの理由を示して、各候補者について**不選任請求**ができます。裁判長は理由があると判断した場合、不選任の決定をします。

検察官と弁護人は不公平な判断をしそうな候補者について、四人まで（裁判員六人選任のとき）、理由を示さずに不選任を請求できます。

では、質問が長時間にわたることが多くあります（七四ページ参照）。

裁判長の質問にうそを言った場合や回答を拒んだ場合は、五十万円以下の罰金や三十万円以下の過料を支払わされることがあります。

【注20】裁判員法三一条、三四条二項。裁判員法の制定過程で、アメリカの陪審員選任手続きのように、検察官と弁護人にも質問を認めるべきだという案が出されましたが、「時間がかかる」、「評議で自分たちに有利な意見を言いそうな人を見つけようと、質問が技巧的になり、候補者の負担が大きくなる」などの反対意見が多

たとえば、死刑を求刑する予定の検察官にとって、裁判長の質問で死刑制度に反対と表明した候補者が、無罪を主張する弁護人にとっては「警察の捜査はいつも信用できる」と述べた候補者が、それぞれ不選任請求の対象となるでしょう。この理由を示さない請求に対し、裁判長は指定された候補者の不選任を決定しなければなりません。

検察官と弁護人による不選任請求と、それに対する裁判長の決定も候補者の面前ではおこなわれません。

最後も、くじで

あなたをふくめて地裁に来た三十人のうち、検察官と弁護人の請求などで、十人が不選任となったことにします。残った二十人から裁判員六人を選ぶため、最後に使われるのはくじです。

不選任の十人と、くじで落選した十四人は、昼ごろで帰ることになります。前日退社するときや、この日自宅を出る際、「裁判員になったら、三日かかるからよろしくね」と同僚や家族に伝え、三日間の仕事を調整して来た人たちも、ふだんの生活に戻ります**【注21】**。

一方、裁判員に選ばれた候補者には、裁判長から次のような内容の**説明**があります**【注22】**。

く出され、採用されませんでした。

【注21】先に紹介した東京地裁の模擬裁判で、裁判員役に選ばれなかった会社員は「選ばれないのなら、三日も空ける必要がない。選任を別の日

裁判は、被告人が起訴状に書かれている犯罪を本当におこなったかどうかを判断するためにおこなわれます。被告人が有罪であることは、検察官が証拠にもとづいて証明すべきことになっています。ですから検察官が有罪であることを証明できない場合には、無罪と判断します。

被告人が有罪か無罪かは、法廷に提出された証拠だけにもとづいて判断しなければいけません。新聞やテレビなどで見たり聞いたりしたことは、証拠ではありません。ですから、そうした情報にもとづいて判断してはいけないのです。証拠としては、たとえば凶器などの証拠品、現場見取図などの書類、証人や被告人の話があります。証人や被告人から話を聞く際には、裁判員の皆さんにも質問の機会があります。私に申し出てください。

法廷での手続きが終わると、被告人が本当に起訴状に書いてある罪を犯したのかどうかを判断します(**事実認定**)。過去にある事実があったかどうかは直接確認できませんが、ふだんの生活でも関係者の話などをもとに、事実があったかなかったかを判断している場合があるはずです。ただ裁判では、不確かなことで人を処罰することは許されませんから、証拠を検討した結果、常識にしたがって判断し、被告人が

にし、選ばれた人だけ日程を調整すればいい」と話していました。二〇〇七年十二月十四日付静岡新聞朝刊など(共同通信配信記事)参照。

【注22】裁判員法三九条には、裁判長は、裁判員らに対し、裁判員らの権限、義務その他必要な事項を説明すると定められています。二〇〇七年五月二十三日の最高裁刑事規則制定諮問委員会で了承された説明例(http://www.courts.go.jp/saikosai/about/iinkai/keizikisoku/pdf/07_05_23_sankou_siryou_03.pdf)参照。

起訴状に書かれている罪を犯したことは間違いないと考えられる場合に有罪とすることになります。逆に、有罪に疑問があるときは、無罪としなければなりません。有罪とするときには、被告人をどのような刑にするのかを決めます(**量刑**《りょうけい》)。

結論は裁判員の皆さんと裁判官がいっしょに話し合いをしながら出していきます。皆さんにはご自分の判断にもとづいて意見を述べていただきます。裁判官も同じルールにしたがって意見を述べます。裁判員と裁判官の意見は同じ重みです。なお法律の解釈が問題となる場合には、裁判官がその解釈について説明しますので御安心下さい。

評議で誰が何を言ったかといった評議の内容は秘密にしてください。評議の秘密が漏《も》れることになりますと、率直に意見を交換することがむずかしくなります。評議の秘密が漏れないようにすることは、皆さんのプライバシーや安全を保護することにもなります**【注23】**。事件関係者のプライバシー情報も漏らさないようにしてください。ただ公開の法廷で見たり聞いたりしたことや、裁判員を務めてみての印象といったことは、他の方にお話しいただいてもかまいません。

裁判長の説明が終わると、裁判員は「法令に従い、公平誠実に職務を行

【注23】裁判員のプライバシーや安全の保護措置として、裁判員法は裁判員、裁判員候補者らの氏名、住所などの**個人情報公開禁止**や裁判員らへの**接触**(面会、文書の送付、電話など)**禁止**を定めています(一〇一条、一〇二条)。また、裁判員らを**威迫**(不安にさせたり、困惑させたりす

う」と**宣誓**《せんせい》します（裁判員法三九条二項）。すぐ**第一回公判**（**初公判**）です。裁判員と裁判官は傍聴人らの入れない通路を通って法廷に向かいます。

まず起訴状朗読と罪状認否

あなたは、法廷正面に一段高く設置された**法壇**《ほうだん》に座りました。中央に裁判長、両脇に二人の裁判官（**陪席裁判官**《ばいせきさいばんかん》と言います）、その裁判官の左右に裁判員が三人ずつ並びます。法壇は互いに顔が見えるよう、アーク（円弧《えんこ》）状に設計されています。廷内を見ると、検察官と向かい合うかたちで、被告と弁護人が着席していました。十数人の**傍聴人**《ぼうちょうにん》**【注24】**もいます。二〇〇八年中に施行される**被害者参加制度**（一二四ページ参照）により、検察官のそばには被害者の遺族がいるかもしれません。検察官と弁護人の席の後ろには、傍聴人からも見える大型のモニター、裁判員と裁判官、検察官、弁護人らの前には小型のモニターがそれぞれ置かれています。

「それでは開廷します」。裁判長の声が廷内に響き、**公判**《こうはん》**【注25】**が始まりました。裁判長は被告が本人かどうか確認し、検察官に**起訴状**の朗読を求めました。起訴事実は、次の通りです。

「被告の女性は日ごろから暴力を振るわれてきた交際相手の男性と自宅で口論となり、男性から菜ばしを突きつけられたことから、とっさに殺害

る行為）した場合や裁判員らに何かを依頼したり、「被告は無罪だ」、「死刑にすべきだ」などと意見を述べたりした場合、二年以下の懲役または二十万円以下の罰金が科されます（一〇七条、一〇六条）。

さらに、裁判員裁判の対象事件であっても、被告の言動や被告が所属する団体の主張などからみて、裁判員やその親族らに危害が加えられることなどが予想される場合、裁判は裁判官だけで担当します（対象事件からの除外、三条）。オウム真理教事件などは、こうしたケースにあたるとみられます。

【注24】裁判は憲法八二条で公開が定められ、誰でも自由に傍聴できます。被害者や遺族と報道機関の記者は可能な限り傍聴できるように配慮されています。裁判員裁判が始まると、裁判員の家族も心配して、あるいは活躍を期待して、傍聴に来るかもしれません。法廷で騒いだりすると、退廷させられることもあります。

【注25】広い意味では、起訴から審理

しようと決意して、台所から包丁を持ち出し、前屈《まえかが》みになっていた男性の背中に包丁を一回刺したうえ、立ち上がった男性の正面から右腹部に包丁をもう一回突き刺し、男性を失血死させたものである」

検察官の起訴状朗読に続き、裁判長は被告に**黙秘権**《もくひけん》【注26】があること、被告が法廷で述べたことは有利、不利を問わず、すべて証拠となることを告げ、被告と弁護人から、起訴事実に対する言い分を聴きました。**罪状認否**《ざいじょうにんぴ》と呼ばれる手続きです。被告は、「包丁で背中と腹を刺したことは間違いありませんが、菜ばしで目やほおをぶち抜くとおどかされ、殺されると思ったので、包丁を持ち出したのです。殺害しようと決意したことはありません」と述べ、弁護人は「殺意はなく、被害者の激しい暴力に対し、やむを得ず反撃した**正当防衛**で、彼女は無罪です」と主張しました。

「殺意」や「正当防衛」はテレビの二時間ドラマなどにも出てくるし、日常的に使うこともありますが、裁判になると、その定義や意味は法律に定められていたり、過去の判決などで決められていたりします。そうしないと、同じ一つの基準にしたがって裁判ができないからです【注27】。

争点を中心に冒頭陳述

次は検察側の**冒頭陳述**《ぼうとうちんじゅつ》です。

を経て判決の言い渡しまでを「公判」と言いますが、公開の法廷での審理も「公判」と呼ばれています。「公判期日」と言われたら審理の日を、「公判廷」は公判が開かれている法廷を、それぞれ指します。

【注26】憲法には「何人も、自己に不利益な供述を強要されない」(三八条)と定められ、容疑者・被告には、黙秘権があります。何も話さず、客観的な証拠だけで判断してもらうのは、容疑者・被告の権利です。何か不都合なことを隠しているなどと、勝手に判断してはいけません。

【注27】たとえば、正当防衛は刑法で「急迫不正の侵害に対して、自己又は他人の権利を防衛するため、やむを得ずにした行為は、罰しない」と定められています。これまでの**判例**

裁判員裁判の法廷

裁判員裁判用の法廷(大阪地裁，毎日新聞社提供)

検察官が証拠によって証明しようとする事実を明らかにするもので、これまでは被告の出身地や経歴から始まり、「犯行に至る経緯」、「犯行状況」、「犯行後の状況」などを順に物語のように述べるケースが一般的でした。しかし、裁判員裁判では、争点を中心に図解や表などを使い、どのような証拠で、どういう事実を証明しようとしているのかをわかりやすく説明することに重点が置かれます**【注28】**。

検察官は現場の見取り図や被害者の傷の位置を示す図などを見せ、冒頭陳述の骨子を書いたスライドを使いながら、事件の経過をくわしく説明し、殺意に関して、次の点を指摘しました**【注29】**。

▽被告人は妻子ある被害者から援助を受けていたが、別の男性とも交際していた

▽凶器の包丁は刃の長さが十八センチで、被害者の傷の深さは背中が十センチ、腹部が十七センチに達し、手加減せずに包丁を突き刺している

▽背中を刺した後、包丁はいったん被害者に取り上げられたが、被告人は奪い返して右腹部を刺した

▽被害者が大量に出血したのに救急車を呼ばず、部屋のなかを片付けたうえで、一時間半後に一一〇番した

現場の見取り図やスライドの画面などは、法廷内の各モニターに映し出

（裁判の先例で、最高裁の判例は拘束力を持つ）などから「急迫不正の侵害に対して」とは、危害が目前に迫っているか継続中の状況を指し、反撃行為は適正で妥当な範囲にとどまっていないと、正当防衛は認められません。素手で殴りかかってきた相手を登山ナイフで刺した場合などは、反撃の程度が行き過ぎとして「過剰防衛」となります。

【注28】裁判員法五五条。古江頼隆東京大学法科大学院教授（検事）は「物語式もあり得るが、事実と証拠との関係を一つ一つ明らかにする形式の方が分かりやすい場合もある」と述べています。『ジュリスト』一二七九号（二〇〇四年十一月）。

【注29】刑法は「**罪を犯す意思（故意）**がない行為は、罰しない」と定めています。交通事故など過失で罪に問われる例外も多くありますが、原則は故意がないと、犯罪は成立しません。このため、故意の有無は裁判でよく争われます。

されました。

また検察官は、正当防衛の主張については次のように反論しました。

▽被害者が突きつけた菜ばしは顔に触れる程度だった

▽被告人は菜ばしを振り払い、包丁で反撃しようとした際、被害者は前屈みになっていて、すでに攻撃は終わっていた

▽菜ばしは二人がいた場所から離れた台所の端にあった

そのうえで「以上の経過と被告人に殺意があったこと、正当防衛が成立しないことは、（被告の）供述、司法解剖した医師の報告書、警察官が現場の状況を記録した実況見分調書などで証明します」と述べました。検察側の冒頭陳述はＡ４判の用紙二―三枚で、約十五分で読み上げました。

検察側に続き、弁護側の冒頭陳述です**【注30】**。

弁護人はモニターに映し出された現場の見取り図に二人の位置関係などを示す点を加え、状況を説明しながら、次のように話しました。

「被害者は元暴力団員で、日常的に暴力をふるい、灰皿や酒瓶を投げつけ、被告人は大けがをしたこともありました。事件当日は別の男性のことでけんかになり、暴力はいつも以上に激しく、殴られたり、蹴られたりしたうえ、傘でたたかれ、菜ばしをほおに突き立てられて『目やほおをぶち抜いて、殺してやる』と怒鳴られました。殺されると思い、夢中で台所の

【注30】裁判員裁判では、弁護側も冒頭陳述し、主張や証拠によって証明しようとする事実を明らかにしなければなりません（裁判員法五五条）。これまで弁護側は冒頭陳述を義務づけられておらず、検察側の立証が終わった後で主張を明らかにするケースがほとんどでした。

包丁を手に取り、振り向きざまに振りかざすと、背中に刺さりました。背中を狙ったわけではありません。その後もみ合いになり、勢いで包丁が今度は腹に刺さりました。包丁は奪い返していません。被害者が死ぬとは思っていなかったし、もちろん殺すつもりもありませんでした。当時、ほおを菜ばしで傷つけられ、顔や腹も負傷しました」

「腹に包丁が刺さった後、被害者は『警察には行くな』と言いました。被告人はいつまた襲われるか怖くて、部屋の隅でぼう然としていました。正気に戻り、動かない被害者を見て一一〇番し、**自《じ》首《しゅ》【注31】**しました。警察官が大勢来ると思い、散らかった部屋を整理しました。被告人が反撃したとき、被害者の攻撃は続いていたし、とっさに包丁で応戦したのは妥当な範囲を超えていません」

弁護人は「被告人の供述や知人の話、医師の診断書などでこれらの事実を明らかにし、検察官が述べた事件のストーリーの疑問点を指摘していきます。『疑わしきは罰せず』です」と結びました。

弁護側の冒頭陳述もA４判二―三枚くらいで、約十五分で終わりました。

あなたはこれから証拠を見て、証人尋問を聞いて、どちらの主張が本当かを判断するのではありません。裁判員に選ばれたあと、裁判長が説明したように、検察側の主張が**合理的疑い**が浮かばないほど十分に犯罪を証明

【注31】警察など捜査機関が犯罪の起きたこと、または容疑者が誰であるかを把握する前に、みずから進んで罪を犯したことを申告することです。容疑者として手配されたことを知って出頭したり、警察官が疑わしいとして職務質問した際に自白したりしても、自首とはみなされません。刑法は自首した場合、刑を軽くすることができると定めています。

できたかどうかを判断します。弁護側に無罪を証明する義務はありません。これが刑事裁判の鉄則《てっそく》なのです【注32】。

【注32】最高裁の判例は「疑わしいときは被告人の利益に」とし、検察側に求められる犯罪の証明について「通常人なら誰でも疑いを差しはさまない程度の真実らしい確信を得させるもの」としています。

非公開で公判前整理手続き

検察側・弁護側の冒頭陳述が終わると、裁判員裁判に義務づけられている**公判前整理手続き**《こうはんぜんせいりてつづき》の結果が裁判長から報告されました。

公判前整理手続きは、裁判員制度の導入が決まってから新設された制度で、初公判の前に検察官と弁護人が裁判所に集まり、それぞれの主張と証拠を明らかにして争点を確定し、裁判の証拠を決定します。さらに審理《しんり》のスケジュールを立て、公判の日時も指定します。公判前整理手続きは被告が出席する場合もありますが、すべて非公開です【注33】。

【注33】公判前整理手続きは裁判員制度に先立ち、二〇〇五年十一月から始まっています。

公判前整理手続きを担当する裁判官は、裁判員といっしょに審理する三人で、この手続きが終わると、裁判員候補者に裁判員等選任手続期日のお知らせ（呼出状）を送付します。

ここで裁判の証拠はどのようにして決定されるかについて、この想定事件で説明します。

検察側が、①凶器の包丁、②現場の実況見分調書、③被害者を司法解剖した医師の報告書、④被告が警察官とともに現場で事件を再現したときの報告書、⑤被告の**供述調書**《きょうじゅつちょうしょ》【注34】などを証拠とするよう請求しました。

弁護側は、①現場に残されていた菜ばしや傘、②事件当時の被告のけがを診察した医師の診断書、③被害者に前科があることを示す書類、④被告が日ごろから暴力を振るわれていた様子などについて、知人が話した内容をまとめた文書、⑤以前の傷を治療した医師の報告書などを**証拠請求**しました。検察側の②③④⑤、弁護側の②③④⑤は書類の証拠なので、**書証**《しょしょう》と呼ばれています。

また、検察側は被害者の妻、弁護側は被告の母をそれぞれ証人として尋問するよう求めました。

裁判所は、それぞれ相手方から必ず意見を聴きます。

弁護側は検察側請求の①について、証拠とすることに「異議なし」、②、③は証拠とすることに同意し、④は不同意、⑤のうち自首したことが書かれている部分以外は同意しませんでした。

検察側は弁護側請求の③以外は同意し、③は「必要ない」との理由で不同意としました。また、検察側は弁護側の意見を踏まえ、④の証拠請求を撤回《てっかい》しました。

裁判所は検察側と弁護側が請求した証拠のうち、相手方が同意した証拠をそれぞれ裁判の証拠とすることを決定し、被害者の妻と被告の母の証人

【注34】捜査機関が容疑者・被告や事件の参考人らから聴いた話の内容を記録した文書。供述録取書とも言います。供述した人の署名・押印がある場合、刑事訴訟法に定められた一定の条件を満たせば、裁判の証拠とされます。作成者が警察官の場合は「司法警察員面前調書(員面調書)」、検察官の場合は「検察官面前調書(検面調書)」と呼ばれています。

尋問もおこなうことに決めました。弁護側の③は請求を却下《きゃっか》し、証拠として採用しませんでした。検察側の⑤のうち弁護側が不同意とした部分については、公判での被告人質問を聴いてから判断することにしました。こうした手続きで証拠が決定されます【注35】。

従来は、法廷で裁判所が証拠を採用するかどうかを決定したり、検察側・弁護側が相手方の主張を聞き、公判途中で新たな証拠を請求したりしていました。しかし、裁判員裁判では、証拠の決定は非公開の公判前整理手続きのなかでおこなわれ、公判前整理手続き終了後は検察側・弁護側の新たな証拠請求が原則としてできなくなりました【注36】。

なお、殺人事件の審理では、被害者の傷の状況などに争いがある場合や事件の残虐《ざんぎゃく》さを示す目的で、遺体の写真が証拠請求されるケースもありますが、最高裁は裁判員の負担にならない方法を検討する方針です。

精密司法から核心司法へ

一方、裁判員の負担を考慮し、裁判を早く終わらせるため、改正刑事訴法に「できる限り連日開廷し、継続して審理を行わなければならない」と定められ、公判は二日連続、三日連続で開かれます。こうしたやり方は**連日的開廷**《れんじつてきかいてい》と呼ばれています。

【注35】裁判官のなかには、裁判員にわかりにくいなどの理由から供述調書の証拠採用に消極的な意見があり、被告人質問後に調書の採否を決めるケースは多いでしょう。また、弁護側が検察側の②や③を不同意にすると、実況見分調書や報告書を作成した警察官や医師を証人尋問することになります。弁護側が「事件当時、**刑事責任能力**のない状態(是非善悪を判断することも、やってはいけない行為を抑えることもできない精神状態)にあった」と主張すれば、**精神鑑定**をする場合があります。裁判員法五〇条で鑑定は公判前整理手続きのなかで決定し、第一回公判前にできるようになりました。

【注36】公判で新たに証拠請求できるのは、やむを得ない事由により公判前整理手続きで請求できなかったものだけです。裁判所が公判のなかで

従来の刑事裁判は、月に一—三回程度のペースで公判が開かれています。多くの事件を抱える法曹だけで、裁判をやっているからです。

また、裁判所は証拠や証人を広く採用し、裁判官は法廷の外(執務室や自宅)で分厚い供述調書などを読み込みます。証人尋問では、請求したほうが先に質問(**主尋問**と呼ばれています)し、その問答が記録された調書を確認してから、もう一方が別の日に質問(**反対尋問**と言います)するやり方がよく取られています。このようなやり方は、法廷でのやりとりを軽視した**調書裁判**《ちょうしょさいばん》と批判されてきました。

さらに、検察側が起訴事実はもちろん、事件前後の経緯などもふくめて詳細に立証を試みたあとで、弁護側は立証が十分でない点や疑問点などを指摘し、多岐《たき》にわたった争点を裁判所が一つずつ判断していく、そんな従来の裁判を**精密司法**《せいみつしほう》と呼んでいます。

これに対して、裁判員裁判で予定されているのは、法廷でおこなわれる検察側・弁護側の主張と証人尋問などの証拠調べによって判断する**口頭主義**【注37】、簡単に言えば、法廷で見て、聞いて、わかる裁判です。争点をしぼり、証拠も厳選して、口頭主義で審理する裁判は、精密司法に対して**核心司法**《かくしんしほう》と名づけられています【注38】。

裁判長は公判前整理手続きの結果、争点が殺意と正当防衛にしぼられ、

必要と判断し、新たな証拠を採用することはできます。

【注37】刑事訴訟法は、法廷において口頭で述べられたことにもとづいて、判決をしなければならないと定めています。口頭主義と反対のやり方は書面主義と呼ばれます。裁判員法五

証拠や証人も前記の通り決まったことなどを五分程度で報告し、公判の冒頭手続きは終わりです。これから「**証拠調べ**」に入ります。

裁判員も被告に質問

証拠調べの最初は、検察側・弁護側が同意した相手方請求の証拠です。裁判員と裁判官に包丁や菜ばしなどが示され、報告書や供述調書の一部などは証拠請求した側が読み上げました。

これまでの裁判では、供述調書などは要旨《ようし》が告げられるだけで、裁判官が執務室などで全文を読んでいましたが、裁判員裁判では、裁判員に法廷外で調書などを読んでもらうと負担が大きいので、内容を簡潔でわかりやすいものにし、法廷で全文を読み上げることになりそうです。

同意された証拠を調べた後、**被告人質問**が始まりました。被告人質問は弁護人からです。被告は事件の経過について「事件当日、被害者はいつもより相当ひどい暴力を振るいました」、「殺されると思い、とっさに包丁を持ちました」、「背中や腹を狙って刺したわけではありません」、「死ぬとは思っていませんでした」などと述べました。

被告が公判で述べたことは「証言」ではなく「供述」です。弁護人は被告に質問しながら、証拠の菜ばしを持ち、包丁を被告に渡し、事件当時、

一条には「審理を迅速で分かりやすいものとすることに努めなければならない」と定められています。

【注38】「核心司法」の名づけ親は故平野龍一元東京大学総長(刑事法)とされ、平野氏は参審制度の導入で「(裁判官が)記録を自宅に持ち帰って読むというようなことはできなくなるであろう。公判廷での朗読だけから心証をとるようにするほかはない。そのためには捜査記録も、要を得た、そして事件の核心を突いた短いものにする必要があるであろう。それは、ひいては、取調べのやり方、身柄拘束の長さにも影響を及ぼすかもしれない。また公判での証人尋問、反対尋問も精密なものではなく、核心的なものになるかもしれない。それは『ラフ・ジャスティス』ではない」と述べています。『ジュリスト』一一四八号(一九九九年)の「参審制の採用による『核心司法』を」。

被告が菜ばしをほおに突き立てられた様子や包丁を振りかざした状況を法廷で再現して見せました。

続いて、検察官が被告に質問しました。

検察官「包丁は背中を狙って刺したのではないんですか」

被告「違います」

検察官「殺してしまうしかないと考えたのではないんですか」

被告「そんなことはありません」

検察官「菜ばしを振り払い、包丁を持ったとき、被害者は前屈みの状態でした。それなのに、さらに暴力を振るわれると思ったんですか」

被告「はい。前屈みになって私の足をつかみ、倒そうとしたんです」

検察官は話が違うとばかりに、質問をくりかえしましたが、被告の殺意否認、正当防衛という主張は変わりませんでした。

検察官の質問が終わると、裁判員の一人が遠慮がちに手を挙げ、被告への質問を求めました。裁判長が「どうぞ」と言い、裁判員が「被害者がいなくなると困るでしょう。どうして包丁なんか振りまわしたんですか」とたずねると、被告は「怖くて無我夢中でした」と述べました**【注39】**。

法廷と調書、異なる供述

【注39】裁判員による被告人質問は裁判員法五九条。この想定事件と異なり、目撃者がいる場合、検察側が目撃者の供述調書を証拠請求し、弁護

被告人質問が終わると、検察官は公判前整理手続きで証拠の採否《さいひ》が保留された被告の供述調書の一部（事件の経過に関する部分）について「法廷での被告人の供述と異なり、被告人が不利益な事実を認めた内容が記載されています。犯罪の立証上必要です」として、証拠採用を求め、裁判長から意見を聴かれた弁護人は「任意性《にんいせい》は争わないが、法廷供述で十分なので必要ない」と主張しました。

任意性というのは、調書を作成した捜査機関の取り調べで、**自白の強要**や拷問、**利益誘導**【注40】などがなく、自由意思で供述したかどうかを指します。刑事訴訟法には、被告がみずからに不利益な事実を認めた内容の供述調書は、任意性に疑いがない場合、裁判の証拠にできると規定され、裁判長は供述調書の残りの部分を証拠として採用しました。

こうした証拠の採否など、訴訟手続きに関する判断のほか、憲法をふくむ法令をどのように解釈するかの判断は、裁判官だけで決定することになっています（裁判員法六条二項）。

証拠採用された調書には、被告が取り調べで「被害者の背中は無防備の状態だったので、包丁を振り上げ、力一杯振り下ろしました。手加減はしませんでした」、「私は殺してしまうしかないかなと思いました」、「被害者のお腹目がけて包丁を持った右手を突き出しました」などと供述したこと

側が不同意の意見を述べると、目撃者を証人尋問することになります。その証人尋問は被告人質問より前におこなわれるのが通例です。

【注40】この場合の利益誘導は「余罪は起訴猶予にしようか」、「家族も共犯だが、逮捕しないでおこう」など と容疑者の利益になることを言って、自白を求めることです。飲食のもてなしなどの便宜供与も、利益誘導につながる行為とされています。

が記録されていました。

すぐ中間評議

これで第一回公判は閉廷です。午前中に裁判員選任手続きがあり、午後から始まった初公判は休憩をはさんで三時間を超えました。裁判長は裁判員を呼び、九人は評議室に集まりました。公判途中の**中間評議**【注41】です。

裁判長が「お疲れさまです。どうですか、争点などはわかりましたか」とたずねると、裁判員からは「やはりむずかしいですね」という声が相次いで上がりました。裁判長は「気づいたことから自由に話してみてください。わからないところがあれば、質問してください」と意見を求めました。

「援助を受けている男性を殺そうと思いますかね」と被告に直接質問した裁判員が殺意に疑問を投げかけ、別の裁判員は「大げんかでしょ。逃げればよかったんですよ」と正当防衛の主張が腑《ふ》に落ちない様子でした。

ある裁判員は「法廷で被告はうそをついているようには見えなかった。なのに、調書の内容は全然違っている。どちらを信用したらいいんですか。裁判って、いつもこうなんですか」と困った表情でたずねました。

裁判長は「たまにありますが、どう判断するかは結論に大きく影響します」と答え、食い違っている部分を要約して説明しました。

【注41】裁判員法には、評議で裁判長は、裁判員に必要な法令に関する説明を丁寧におこない、わかりやすいものとなるように整理し、裁判員が発言する機会を十分に設けるなど、その職責を十分に果たすことができるように配慮しなければならないと定められています(六六条五項)。裁判官のあいだでは、審理中に評議の機会を設けて、裁判員に必要な説明をしたり、裁判員の意見を聞いて論点を整理したりすることで、審理後に判決内容を決める評議がより充実したものになると考えられています。

続けて「争点の殺意や正当防衛については、どうですか」と問うと、裁判員の一人が「検察側の冒頭陳述と供述調書では、被告は被害者の正面から、腹に向けて右手に持った包丁を突き出したとなっていますね。でも、そうだとすると、被害者は左腹部を刺されているはずなんです。傷は右腹部だから、弁護人が言うように、もみ合ううちに包丁が刺さったのではないですか」という見方を示しました。

賛同する裁判員も出ましたが、陪席裁判官は「仮にそうだったとしても、腹部の傷の深さは十七センチで、刃の長さ十八センチの包丁がほぼ根元まで刺さっています。被告は力を込めたとみるべきではないですか」と反論しました。「被害者が刺される際、左に体を回転させたのではないか」と推測する裁判員もあらわれました。

裁判員から「死んでもかまわないと思うのは、殺意ですか」、「殺意があったとすると、正当防衛は成立しないのではないですか」という質問が出され、裁判長は「死んでもかまわないと思うのも殺意（テレビドラマでも見かける『**未必《みひつ》の殺意《さつい》**（故意）』）です。また身を守るため、殺してもいいと思って反撃した場合、正当防衛が成立することがあります。殺人だけど、無罪になります。もちろん受けた攻撃と反撃の程度をそれぞれ検討した結果の話ですが」と答えました。

裁判長は時計を見て「あすは、まず被害者の妻と被告の母親の証人尋問です。それと、有罪・無罪を決める証拠調べはきょうで終わりました。あす尋問する二人は、有罪と判断した場合の量刑で考慮する**情状**《じょうじょう》【注42】に関する証人です。起訴事実の判断とは区別して聞いてください」と注意しました【注43】。

また「証人尋問が終わったら、検察官による**論告**【注44】と弁護人の**弁論**【注45】があります。法廷で調べた証拠によって、どのような事実が認められるか、相手方の証拠は信用できるかなどについて、意見を述べ合います。双方の主張が総合的に示されるので、調書の問題もふくめて、判断しやすくなるでしょう」と述べ、最初の中間評議はお開きとなりました。

裁判員が公判や評議で拘束される時間は、一日五―六時間程度と言われています。裁判員は裁判所を出て、そのまま帰宅する人、会社に電話している人、知人との待ち合わせ場所に急ぐ人などにわかれました。

遺族証言に疑問も

二日目の公判は午前十時から始まり、**証人尋問**がありました。

被害者の妻は「問題も多い人でしたが、夫であり、子どもの父です。失った悲しみや経済的ダメージは計りしれません。被告が死刑になっても夫

【注42】具体的には、被告の性格、年齢、生活態度、職歴、前科のほか、反省や被害者への謝罪・賠償の有無などです。起訴事実ほど厳格な証明は求められません。

【注43】最高裁が定める**刑事訴訟規則**には「情状に関する証拠調べは、できる限り、犯罪事実に関する証拠調べと区別して行うよう努めなければならない」と定められています。

【注44】証拠調べ終了後におこなわれる検察官の意見陳述。通常は法廷で調べた証拠によって起訴事実が十分証明されたと主張し、情状に対する評価も示したうえで、被告にとって適当と考える刑を指摘します。これは「求刑」と呼ばれ、担当の検察官は似たような事件の先例を調査し、地検の上司や高検、最高検の担当者と相談して決めています。全国的にばらつきの少ない意見となるので、裁判所は参考にしています。もちろ

は戻ってこないので、極刑までは求めませんが、厳罰をお願いします」と目頭を押さえながら、か細い声で証言しました。

　被告の母は「見栄っ張りなのでブランド品を買いまくり、大きな借金を抱えてしまい、被害者の援助を受けるようになりました。ただ、警察のお世話になったことはこれまで一度もなく、事件のことを聞いて驚きました。育て方を間違えたと世間から非難されても仕方ありませんが、二度と過ちを犯さないよう、今後はしっかり監督します」と情状酌量《しゃくりょう》を求めました。証言のあいだじゅう、ハンカチを握りしめ、時折涙をぬぐっていました。

　その後、被告人質問が再開され、弁護人が被害者の妻と母親の証言について感想を求めると、被告は「本当に申し訳ありません。母親の言うことを聞き、このようなことは二度としないようにします」と述べました。

　ここで休廷となり、二回目の中間評議に集まった裁判員からは「家族は悲しいうえに、法廷でつらい証言をさせられるんですね」と同情する声の一方で「被害者の遺族や被告人の家族の主観的な証言よりも、客観的な事実で判断しないといけないんじゃないか」、「妻子も親もいない被害者だと、遺族の証言はないから、被告人のあいだで不公平になると思うんだけど」といった疑問を投げかける人もいました。

　昼食の時間となり、ある裁判員は会社に連絡し、仕事の打ち合わせをし

ん、求刑には拘束されず、自由に判決を言い渡しますが、求刑の七―八割程度の判決が多く、まれに求刑を上まわる判決もあります。

【注45】論告に続いておこなわれる弁護人の意見陳述。「最終弁論」とも呼ばれます。無罪主張の場合、法廷で調べた証拠では起訴事実が証明されず、合理的疑いが残ることを主張し、起訴事実を認めている場合は情状酌量を求める理由を説明します。

ていました。パソコンを持ち込み、メールをしている裁判員もいました。

論告と弁論、最後の攻防

午後の公判は、論告からです。検察官は冒頭陳述のときのように、モニターにその骨子を映しながら裁判員や裁判官に語りかけました。

「被告人は公判で殺意を否認し『背中や腹を狙って刺したわけではありません』、『死ぬとは思っていませんでした』と供述し、弁護人も『もみ合ううちに刺さった』と主張するが、**取り調べ【注46】**のときには、被告人は殺意を認めていました。殺傷力のある包丁を根元まで刺した状況や背中、腹部という致命傷になりかねない場所を刺していることなどを見ても、殺意があったことは明らかです。菜ばしを払いのけ、被害者の攻撃が終わった後に刺しているので、正当防衛は成立しません」

そのうえで「強固な殺意にもとづく残虐な犯行で、しかも公判で無罪を主張し、反省の態度が見られません。一家の大黒柱を失った被害者の遺族は厳罰を望んでいます」などとして、懲役十三年を求刑しました。

一方、弁護人もモニターに骨子を示しながら、弁論を展開し、①右腹部の傷と供述調書などとの矛盾、②調書には被害者が前屈みになったことの説明がない、③背中の傷は十センチと浅く、調書にあるような「力一杯振

【注46】警察が容疑者を逮捕し、さらに拘束して取り調べる必要があると判断した場合、四十八時間以内に、容疑者を証拠物といっしょに検察官に送り届けなければなりません。「送検」です。検察官も容疑者を拘束したまま捜査を続ける必要があると判断すると、送検から二十四時間以内に裁判所に勾留を請求します。裁判所が検察官の意見を認めた場合、十日間の勾留決定をします。検察官はやむを得ない事情がある場合、さらに勾留を十日間まで延長することを請求でき、裁判所が請求に理由があると認めれば、勾留の延長を決定

り下ろしました。手加減はしませんでした」という状況は考えにくい、などの点を指摘しました。

さらに「供述調書というのは、被疑者が捜査官からいろいろ質問され、答えた内容を捜査官があたかも被疑者がみずから進んで述べたかのようにまとめたものです。『殺してしまうしかないかなと思いました』と記載されているが、実際の場面を想像してみてください。そんなことを冷静に考えられる状況ですか。捜査官の事後の作文だからこそ、そんな記載になるんです。二十日以上続く取り調べで、訂正してくれと言っても、なかなか応じてもらえず、被疑者は疲れ果てて、みずからの認識と異なる調書に署名、押印《おういん》してしまうものです。調書にもとづく検察官の主張には合理的な疑問がたくさんあります。ひどい暴行を受け、その挙げ句の事件です。被告人は無罪です。社会の常識で判断してください」と訴えました。

公判の最後には、被告に陳述する機会が与えられます。被告が「殺そうとは思いませんでしたが、こんな結果になり、本当に申し訳ありませんでした」と反省の言葉を述べ、審理は終わりました。

有罪は裁判員、裁判官各一人以上ふくむ過半数

裁判員と裁判官はただちに**最終評議**に入り、裁判長はその進め方につい

します。

容疑者はこうして逮捕から最長二十三日間拘束され、取り調べを受けることになります。勾留期限内に検察官は原則として起訴・不起訴の処分を決定します。

また、容疑者は本来、拘置所などの「刑事施設(旧監獄)」に勾留しなければなりませんが、施設の数が少ないなどの理由で、警察署の留置場で代用することが多くあります。この場合の留置場は「**代用監獄**」と呼ばれ、容疑者が長期にわたって警察の管轄下に置かれ、長時間の取り調べが容易になることなどから「冤罪の温床」と長く批判されてきました。

て次のように説明しました。

「第一のテーマとして殺意の有無を判断します。殺意がなかったと認定した場合、殺人罪は無罪。殺意を認めた場合、正当防衛の成否を検討するため、第二のテーマとして被告が包丁で刺した時点で、被害者の攻撃は終わっていたかどうかを判断します。攻撃が終わっていたと認めたときは正当防衛が成立せず、検察官の主張通りとなります。攻撃が終了していないと判断した場合、第三のテーマとして、被告人の反撃行為が妥当だったかどうかを検討します。妥当なら無罪です。妥当な範囲を超えていた場合は過剰防衛となり、有罪ですが、刑を軽くしたり免除したりできます」

裁判員裁判の評議で争点を判断する際、全員一致が望ましいとされていますが、しかし、どうしても意見がまとまらないときは、多数決で結論を出します。**評決**《ひょうけつ》と言います。

ただ単純な過半数による多数決ではなく、被告に不利な判断をする場合、裁判員と裁判官のそれぞれ一人以上をふくむ過半数が必要とされています。有罪と決める場合の条件です。また想定事件の評議で言えば、被告に不利な「殺意があった」、「被害者の攻撃は終わっていた」、「反撃行為は妥当な範囲を超えていた」と判断する場合も同じです。

裁判員と裁判官の各一人以上をふくむ過半数とならなかった場合、逆の

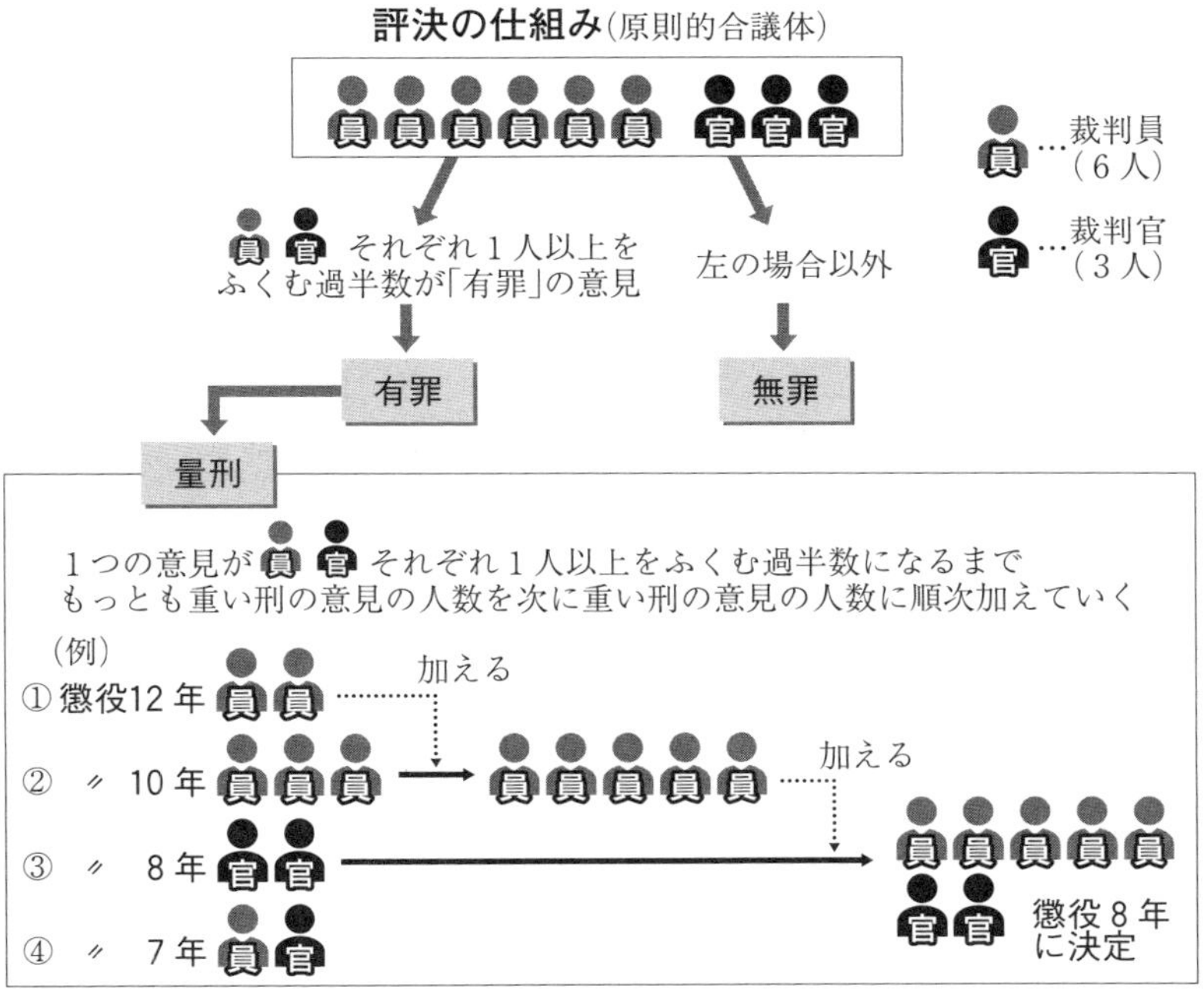

裁判員と裁判官が意見を述べ合う評議室(佐賀地裁，共同通信社提供)

判断となります。有罪と決まらなかったら無罪です。たとえば、裁判員六人が全員無罪の意見なら、裁判官三人が有罪と言っても無罪となります。反対に裁判員全員が有罪を主張しても、裁判官三人がそろって無罪と判断すれば無罪です。

有罪と決めた場合の**量刑**《りょうけい》は、もっと複雑です。

量刑も裁判員と裁判官のそれぞれ一人以上をふくむという条件付き過半数で決まりますが、意見がわかれ、どの意見も条件付き過半数にならないときは、もっとも重い刑を主張する意見（被告にもっとも不利な意見）の人数を、次に重い刑を主張する意見の人数に足します。もっとも重い刑の意見の人は次に重い刑の意見とみなされるわけです。

それでも条件付き過半数とならなかったら、条件付き過半数の意見となるまで、同じように、重い刑の意見の人数を次に重い刑の意見の人数に順次加えていきます。条件付き過半数の意見となった量刑が判決です。

具体的な例で説明すると、①懲役十二年　裁判員二人、②懲役十年　裁判員三人、③懲役八年　裁判官二人、④懲役七年　裁判員一人、裁判官一人、に意見がわかれた場合、いずれも裁判員と裁判官のそれぞれ一人以上をふくむ過半数ではないので、まず①の裁判員二人を②に加えます。懲役十年が過半数の五人の意見となりましたが、裁判官がいません。

そこで③に①＋②の裁判員五人を足すと、懲役八年が裁判員五人、裁判官二人の意見となり、裁判員と裁判官をそれぞれ一人以上をふくむ過半数の条件を満たすので、判決は懲役八年となります（四一ページ図参照）。

また、有罪で刑が懲役三年以下と決まった場合などには、執行猶予を付けるか実刑にするかも決めます。実刑にするには、裁判員と裁判官それぞれ一人以上をふくむ過半数の賛成が必要です。実刑の意見がそれに満たなければ、執行猶予となります。

評議の行方は？

評議は二日目の審理終了後から三日目の午前にわたって続きました。裁判員が被告人質問や証人尋問の内容を確認したい場合、その場面を収録したＤＶＤを再生してくれます。裁判長の説明にしたがい第三のテーマまで評議が進んだと仮定し、想定される裁判員の意見を紹介してみましょう。

▽殺意の有無

「包丁は危ないものだから、持った時点で殺意ありでしょう」

「女性が男から殴られ、顔に菜ばしを突きつけられて、これ以上やられないように、台所の包丁を持っただけで殺意があるのだろうか」

「二回目は正面から刺しているので殺意があったと思う」

「傷の深さなどから考えると、刺す意思はあったと思うが、それが殺意かどうか分からない。死亡したから殺意があったと判断するのは、推定にすぎないのではないか」

「夢中になると思わぬ力が出てしまうものだ。傷が深いからといって、殺意があると判断していいのだろうか」

「弁論で指摘されたように、調書は傷の位置がおかしいし、前屈みになった理由もなく、信用できない。自分の耳で聞いた『殺すつもりはなかった』という供述を信じたい」

▽被害者の攻撃は終了していたか

「菜ばしを奪っても恐怖心があるから、包丁を手に持ってしまった。被害者の攻撃が終わったとは言い切れないのではないか」

「暴力を振るわれてきたから、また攻撃されると考えるのが普通だ」

「背中を刺した時点までは、攻撃が続いていたとみていいのではないか」

「調書には『被害者の背中は無防備の状態だったので、包丁を力一杯振り下ろした』とある。攻撃は終わっていたと考えるべきだろう」

▽被告の反撃は妥当《だとう》な範囲か

「二回目に腹を刺したのは行き過ぎ」

審理中も随時開かれる評議

「調書にあるように、故意に刺したのだから、妥当な反撃とは言えない」
「被害者の『サツに行くなよ』は脅し文句とも取れる。二回目に刺した時点でも攻撃は続いていたとみるべきで、今回のケースはやむを得ない正当防衛と判断したい」

有罪と判断し、刑を決める場合は、似たような事件の判決例が提供される予定で、最高裁が専用のデータベースを作成しています。

なお、今回想定の殺人事件で過剰防衛を認めたとすると、過去の判決例は懲役四年から十一年のあいだです。

量刑の評議では、裁判員から「二回も刺したことや腹部の傷が深いことを考慮しなければならない」、「生活が乱れていたから事件を起こしたに違いない。しっかり罪を償うべきです」、「いや、反省もうかがえる」、「長い間DV（ドメスティック・バイオレンス）の被害に遭っていたことは酌量すべきだ」、「厳罰を望む遺族感情にも配慮が必要」、「刑は犯した罪によって決めるべきで、遺族感情は重視すべきではない」などの意見が予想されます。

ところで、裁判員には評議で**意見を述べる義務**【**注47**】があります。あなたはどのような意見を述べますか。また今回の想定事件の被告には、どのような判決がふさわしいですか。考えてみてください。

【注47】裁判員法には、裁判員の義務として、評議で意見を述べる（六六条）ほか、①法令に従い、公平誠実に職務をおこなうことを宣誓する、

判決宣告で職務終了

評議がまとまると、裁判官三人は別室に行き、**判決**を作成します。Ａ４判数枚の見通しです。そのあいだ、裁判員は評議室で休憩します**【注48】**。

判決ができあがると、裁判官は評議室に戻り、判決を読み上げて裁判員に確認してもらいます。異論がなければ、裁判員と裁判官は法廷に行き、被告に判決を宣告します。裁判員の職務はこれで終わりです。

評議の結論をくわしくした判決書が後日作成され、検察官や被告、弁護人に渡される場合が多くあります。判決書に裁判員の署名はありません。

最高裁が定めた**裁判員裁判の規則**で、裁判員には最高で一日一万円の日当と地裁への交通費が支給されます。地裁と自宅が遠いため、宿泊しなければならない場合、その費用も支払われます。なお、午前中の選任手続きで落選した裁判員候補者の日当は、四千円程度の見通しです。

裁判員が万一、地裁に通う途中で交通事故などに遭った場合、裁判員は臨時の裁判所職員（国家公務員）なので、公務災害として補償を受けることができます。裁判員候補者の場合も補償する方向で検討されています。

②評議の秘密や職務上知り得た秘密を漏らさない（守秘義務）、③裁判の公正さに対する信頼を損なうおそれのある行為をしない、④品位を害するような行為をしない（以上、九条）、⑤公判期日に出席する（五二条）、などが定められています。

こうした義務に反したり、質問票にうそを記載していたことや不公平な裁判をするおそれのあることがわかったり、裁判長の指示にそむいて公判の進行を妨げるなどすると、裁判員を**解任**されます。ただ、裁判官が意見の合わない裁判員を排除する目的で使われる可能性のある解任理由の場合は、同じ地裁の別の裁判官三人が判断します（四一―四三条）。

【注48】合議体の裁量によって、評議、評決の過程で判決を作成していき、裁判員を待たせないケースもあると予想されています。

II　どうして導入されるのか

次に、裁判員制度がどうして導入されることになったのか、制度の具体的な内容はどのように決められたか、その経緯を見ていきます【注1】。

経済界が求めた改革

裁判員制度の導入は二〇〇一年六月、戦後三度目となる司法改革の枠組みを決めた政府の**司法制度改革審議会**が、当時の小泉純一郎首相に提出した意見書のなかで提言されました。

改革の最初は「**法の支配**」【注2】を基本理念とする日本国憲法の制定によるもので、**司法権の独立**が確立しました。裁判官は良心と法のみに拘束《こうそく》されると定められ、裁判官の実質的な人事権や司法事務の監督権も司法大臣から最高裁に移り、立法府、行政府から干渉されない裁判所が誕生しました。弁護士会の自治も実現し、現在の司法制度の基礎ができました。

その後、裁判官不足による裁判の遅延《ちえん》などが問題となり、二度目の司法改革を話し合う政府の**臨時司法制度調査会**（臨司）が一九六二（昭和三十七）年

【注1】本章で参考にした司法制度改革審議会のHPは、http://www.kantei.go.jp/jp/sihouseido/index.html、司法制度改革推進本部裁判員制度・刑事検討会のHPは、http://www.kantei.go.jp/jp/singi/sihou/kentoukai/06saibanin.htmlです。

【注2】専制君主などの支配を排除し、法によって権力を拘束することで、個人の自由や権利を守る原理。中世のイギリスが起源で「王も神と法の下に立つ」という言葉が有名です。旧憲法（大日本帝国憲法）は「司法権ハ天皇ノ名ニ於テ法律ニ依リ裁判所之ヲ行フ」と定め、判決も「天皇ノ名ニ於テ」言い渡されていました。

に設けられました。臨司では、裁判官を主として弁護士から登用する**法曹一元【注3】**の導入が検討されました。

しかし、委員二十人のうち九人が現役の裁判官、検察官、弁護士で占められ、それぞれの利害の対立などから法曹一元の制度導入は見送られ、法曹の増員と裁判官と検察官の給与引き上げなどが決まっただけでした。臨司の失敗について、会長を務めた故我妻栄元東京大学教授(民法)は「根本的な理由は、司法関係者だけで改正案を作成し、その実現を図っているからだ。(中略)これでは果《か》敢《かん》な改革が行なわれるわけはない」**【注4】**と振り返っています。三度目の改革をになう司法制度改革審議会は委員十三人のうち、法曹は元裁判官、元検察官各一人をふくむ弁護士三人だけでした。

では、なぜ司法制度改革審議会が設置されたのでしょうか。

バブル経済崩壊による一九九〇年代の深刻な不況は、国が主導する経済政策や金融などへの保護主義的な行政の行きづまりを示しました。また、外資の参入や製品の海外生産などにともない、**グローバル・スタンダード**(国際基準)の適用を余儀なくされ、経済界は**規制緩和**と民間主導の市場経済確立を求めました。

事前の規制が緩和されれば、事後のチェック、救済機関にあたる司法の役割がより重要になるとして、経済団体は司法制度の改革を次々に提言し

【注3】法曹資格を得た人から裁判官を登用し、養成していく**キャリア・システム**よりも、弁護士など裁判官以外の法律専門家として一定期間の社会経験を積んだ人から裁判官を登用したほうが社会の良識が反映され、裁判の内容が充実するという考え方。基本的にイギリスやアメリカは法曹一元、ドイツやフランスはキャリア・システムです。臨司は法曹一元について「わが国においても一つの望ましい制度である。しかし、この制度が実現されるための基盤となる諸条件は、いまだ整備されていない」という見解を示しました。

【注4】我妻氏と故大内兵衛元法政大学総長(経済学)の共著『日本の裁判制度』(岩波新書)。

ました【注5】。経済界が求めたのは、主として法曹人口【注6】の増大と民事訴訟の充実・迅速《じんそく》化でした。また、政府の行政改革会議、経済戦略会議、規制改革委員会も同様の司法改革を相次いで提言しました。

こうした要求を受け、自民党の**司法制度特別調査会**は一九九八年六月、政府に司法制度改革のための審議会設置を求める報告書を提出し、自民党などが主導するかたちで、九九年六月に**司法制度改革審議会設置法**が成立、翌月から審議会の議論が始まりました。

審議会の会長には憲法学者で、行政改革会議の委員だった佐藤幸治京都大学教授（当時）が選出され、司法制度改革のめざすところは、政府が進める**経済構造改革**などの方向と一致したものとみられていました。

『刑事裁判はかなり絶望的』

一方、裁判員制度が導入される刑事裁判では、一九八〇年代に**免田、財田川、松山、島田の四事件**【注7】で、死刑がいったん確定した被告が次々に再審で無罪となりました。再審では、アリバイや遺体鑑定の誤りなどが確認され、有罪の決め手の自白調書《じはくちょうしょ》（八八ページ参照）は警察による強要で、事実との矛盾もあったのに、裁判所は見抜けなかったことが明らかになりました。

【注5】たとえば、経済同友会は一九九四年六月の「現代社会の病理と処方――個人を活かす社会の実現に向けて」で、〈今後は、個人が自由に選択・行動する中で社会的調和を維持するために、また経済・社会のグローバル化が進む中で国際間の交渉や問題解決を透明・公正な手続きで図るためにも、今まで以上に司法の役割は重要となる。その際、国民にもっと身近な存在となるように、わかりやすい手続きや利用しやすさ、利用する場合にかかる時間とコストの面などを改善してゆくことが求められる〉と指摘しました。

【注6】司法制度改革審議会に最高裁が提出した資料によると、一九九七年当時の法曹人口は、アメリカ約九十四万人、イギリス約八万二千人、ドイツ約十一万一千人、フランス約三万五千人、日本約二万人で、人口十万人あたりの弁護士数はアメリカ三百四十人、イギリス百五十五人、ドイツ百四人、フランス五十人、日本十三人。

故平野龍一元東京大学総長は八五年に〈わが国の裁判は「調書裁判」であるといわれる。しかし、調書から公判廷で**心証**《しんしょう》【注8】をとるわけではない。本来心証をとる行為が「証拠調べ」だとすれば、わが国では「証拠調べ」は裁判官の自室・自宅でなされる。調書も「種々の配慮」から多くの真実でないものを含んでいる。それを「自室」で見抜く眼力を持つと裁判官が考えるのは自信過剰であり、大部分は実は検察官・警察官の考えにのっかっているにすぎないのではなかろうか。最近の再審事件は氷山の一角としてそのことを示したのではなかろうか。このような訴訟から脱却する道があるか、おそらく参審か陪審でも採用しない限り、ないかもしれない。わが国の刑事裁判はかなり絶望的である〉（要旨）と刑事裁判の現状を痛烈に批判し、司法関係者に衝撃を与えました【注9】。

陪審制度が審議課題に

相次ぐ**冤罪**《えんざい》に対し、大分弁護士会が一九九〇年、警察に逮捕された容疑者のもとに駆けつける**当番弁護士**《とうばんべんごし》**制度**《せいど》を始め、全国の弁護士会に広がりました（二〇〇五年度は勾留請求された容疑者の四八％に派遣）。

こうした状況を踏まえ、日本弁護士連合会（日弁連）は九〇年の総会で**「司法改革に関する宣言」**を決議し、陪審《ばいしん》・参審制度《さんしんせいど》の導入を提案しました

【注7】免田事件の免田栄さん、財田川事件の谷口繁義さん（二〇〇六年死去）、松山事件の斎藤幸夫さん（同）、島田事件の赤堀政夫さんは一九四八－五五年に熊本、香川、宮城、静岡各県で起きた強盗殺人や殺人事件などで死刑が確定し、八三－八九年に再審で無罪が確定しました。

【注8】裁判で認定しなければならない事実に対する内心の判断といった意味で使われます。

【注9】『団藤重光博士古稀祝賀論文集 第四巻』（有斐閣）の「現行刑事訴訟の診断」から要約して引用。

ジャーナリストの江川紹子さんは著書『冤罪の構図』（一九九一年、社会思想社）で、警察の暴力、証拠のでっち上げなどに加え、裁判官の無知や傲慢さが冤罪の背景にあると指摘しています。

【注10】。同様の宣言は、九一年と九四年の総会でも決議されています。

自民党司法制度特別調査会は改革のための審議会設置を求めた際、「司法への国民参加」として陪審・参審制度を検討課題に挙げ、審議会設置法の調査・審議項目のなかにも「国民の司法制度への関与」がふくまれていました。経済界が求める法曹人口の増大は弁護士が大半を占め、日弁連の同意が欠かせません。自民党は日弁連が求める陪審・参審制度を審議の対象とすることで、〝協力〟を得ようとしたとみられます【注11】。

司法関係者以外が過半数

司法制度改革審議会は一九九九年七月から二〇〇一年六月まで、月に二─四回、計六十三回の会議を開き、この定例会議とは別に、三日連続の集中審議や公聴会もありました。また、委員たちは陪審・参審制度を採用する欧米四カ国などを視察しました。

審議会の委員十三人は、最高裁、法務省・検察庁、日弁連（「**法曹三者**」と呼ばれます）のほか、経済界や労働界などの推薦で選ばれ、ほかの政府の審議会などで委員を務めた人も多くいました。法曹は藤田耕三元広島高裁長官、水原敏博元名古屋高検検事長、中坊公平元日弁連会長の三人だけで、法律学者が佐藤会長、会長代理の竹下守夫一橋大学名誉教授（民事訴

【注10】宣言は日弁連のＨＰ（http://www.nichibenren.or.jp/ja/opinion/ga_res/1990_3.html）参照。

【注11】自民党司法制度特別調査会の会長だった保岡興治衆議院議員は「政治主導が必要だった。弁護士会がその気になってくれたので改革が進んだ」と述べています。二〇〇七年十一月一日付茨城新聞朝刊など（共同通信配信記事）。

訟法）、井上正仁東京大学教授（刑事法）の三人。法曹と法律学者を足しても六人にとどまり、過半数は司法関係者以外でした**【注12】**。

なお審議会委員は国会同意人事（衆参両院の同意議決がないと任命できない人事）です。民主党と社民党は法制審議会委員として**通信傍受法**《つうしんぼうじゅほう》**【注13】**の策定にかかわったり、エッセイで通信傍受法の必要性を訴えたりしたとして、井上教授と作家曽野綾子さんの就任に反対し、共産党も二人をふくむ七人の就任に反対しましたが、自民党などの多数で同意されました。

陪審、参審それぞれに長所と短所

「国民参加」に関する司法制度改革審議会の議論を振り返ってみると、まず二〇〇〇年四月の会議で、欧米各国の陪審・参審制度の概要、それぞれの長所、短所を整理しました**【注14】**。

アメリカ、イギリス、カナダなどで採用されている**陪審制度**は、事件ごとに、くじで選ばれた市民が裁判官から独立して有罪か無罪かを決める制度**【注15】**です。①司法への積極的参加をうながす、②市民に負担をかけないため、迅速で、わかりやすい裁判が実現する、③市民の新鮮な感覚による証拠の評価などが期待できるなどの長所がある一方、①判決理由が示されず、判断の過程がわからない、②判決にばらつきがある、③長期の審理、

【注12】佐藤教授は銀行員から学者に転じ、著書『憲法』（青林書院新社）で学んだ人は多いと思います。審議会の途中で近畿大学法科大学院教授となりました。竹下教授は民事訴訟法の大家で、法務大臣の諮問機関の法制審議会で委員を長く務めました。藤田元長官は主に民事の裁判官で、オウム真理教に団体規制法を適用した公安審査委員会の委員長。水原元検事長は東京地検特捜部で経済事件の捜査を担当したこともあり、退官後は証券取引等監視委員会の初代委員長となりました。中坊氏は会長時に「司法改革に関する宣言」を初めて決議。住宅金融債権管理機構社長当時の債権回収をめぐって告発されるなどして、二〇〇三年に弁護士を廃業しました。ほかの六人は、鳥居泰彦慶應義塾塾長（当時、統計学）、北村敬子中央大学教授（会計学）、石井鉄工所（タンクなどのメーカー）の石井宏治社長、連合の高木剛副会長（現会長）、東京電力の山本勝副社長、

評議の場合、市民の負担が大きい、④陪審員に予断《よだん》や偏見を与えないため、報道を規制する必要性が生じるなどの問題点が指摘されました。

フランス、ドイツ、イタリアなどで導入されている**参審制度**は、市民と裁判官がいっしょに審理し、有罪か無罪かに加え、有罪の際の量刑も判断する制度で、陪審制度の長所①から③は共通するうえ、量刑などにも市民感覚を反映できるものの、陪審制度の③などの短所に加え、裁判官が主導して参審員の意見が十分反映されないおそれなどがあると紹介されました。

二〇〇〇年四月から五月にかけての委員による海外視察は、アメリカ、イギリスの陪審制度、フランス、ドイツの参審制度がそれぞれ対象でした。審議会の関係者は「委員は『各国の国民は制度に習熟し、レベルが高い』、『陪審裁判の視察はいい経験だった』などと感想を述べていた。陪審・参審制度を悪くないと思った人が多かった」と話しています。

公聴会は二〇〇〇年三月から七月にかけて、大阪、福岡、札幌、東京の順に開かれました。

福岡の公聴会では、高校生が「現行の裁判では検察官と裁判官の関係が強く、裁判官が検察寄りにいるイメージがある。複数の陪審員で裁くほうが、一人の裁判官が裁くよりもより公平な裁判ができるのではないか。民主主義をうたっている国のなかで、陪審制度などを取り入れていないのは

主婦連合会の吉岡初子事務局長です。山本さんは審議会終了の約四カ月後に、吉岡さんは二〇〇五年にそれぞれ亡くなりました。

【注13】捜査機関に電話や携帯電話、ファクス、電子メールの傍受を認める法律。二〇〇〇年八月から薬物、銃関連、集団密航、組織的殺人の四つの犯罪に限り、裁判所の令状にもとづいて実施されています。「盗聴法」とも呼ばれ、憲法が保障する「通信の秘密」を侵害するという批判や公安警察による悪用のおそれを指摘する意見が多くあります。最近の実施件数と傍受で逮捕した容疑者数は二〇〇五年五件、十八人、〇六年九件、二十七人、〇七年七件、三十四人で、ほとんどが薬物事件です。

【注14】アメリカ、ドイツなどでは民事訴訟にも陪審・参審制度が導入されていますが、ここでは刑事裁判に限定します。また審議会では、日本の旧陪審制度(一〇六ページ参照)も紹介されました。

【注15】死刑を存置しているアメリカ

日本だけであるという事実を重く受け止め、これからの司法改革が実施されることを望む」と訴えました【注16】。

最高裁、評決権のない参審を提案

司法制度改革審議会が二〇〇〇年九月の会議で、法曹三者からヒアリング(意見聴取)を実施した際、最高裁は次のように主張し、陪審制度を痛烈に批判しました【注17】。

「陪審制は現在のわが国の裁判制度とは基本的枠組みを全く異にした制度で、陪審員の判断が不安定で予測可能性に乏しく、高い比率で誤判が生じていることを裏付ける多くの研究結果がある。審理の結果示されるのは、有罪か無罪かという結論のみで、そこに至った理由も、あるいは陪審員による評議の過程も全く明らかにされることはなく、真相を解明するという機能を構造的に持っていないと言えるのではないか」

また、憲法との関係について「陪審・参審制を採用する国では、憲法上、これを保障、許容する規定が置かれている国が少なくないが、わが国の憲法では、陪審・参審制を想定した規定はない。これについては合憲論、違憲論の双方があり得るが、第一次的には立法機関で、最終的には最高裁によって判断されるべき事柄である」と問題点を指摘しました。

の州では、陪審員が事実認定に加え、死刑の適否も判断します。

【注16】兵庫県西宮市の知的障害児施設で一九七四年、園児が浄化槽から水死体で見つかった「甲山事件」の被告とされ、二十五年かかって無罪が確定した元保母は、大阪の公聴会で「冤罪を生み出して止まない今の司法、疲弊した司法を変えるため、陪審制度をとるべきであり、また、市民に近い立場にある弁護士が裁判官となる仕組みである法曹一元を実現してもらいたい」と述べました。東京の公聴会では、医療過誤訴訟の原告が「裁判官は市民感覚からかけ離れている」として、陪審制度の導入を求めました。

【注17】当時の政府高官によると、最高裁は審議会の会長選びで、陪審制度の理解者とみられる佐藤教授を避けようと、竹下教授を会長にするよう政府に働きかけましたが、うまくいきませんでした。

参審制については「形態によっては、真実の解明という裁判に対する要請を損なうことなく、国民の意識や感覚を裁判に反映させることが可能になる。数が多い民事事件より、まず刑事事件への導入が検討されるかと思う。ただ憲法上の問題を考慮すると、参審員は意見表明できるが、**評決権**（判決内容を決める権限）を持たないものとするのが無難ではないか」とし、こうした見解は、法律が憲法に違反していないかどうか最終的に判断する、最高裁長官と最高裁判事十四人による**裁判官会議**（規則制定と司法行政の決定機関）の了承を得た意見であることを付け加えました【注18】。

佐藤会長は最高裁の意見を聴き「阻止するための憲法論はいくらでも主張できる。最高裁はやはり国民参加に消極なのか」と受け止めました。また、当時日弁連会長だった久保井一匡弁護士は「自分たちの領分を何とか守ろうと、裁判所は懸命なんだなと思った」と話しています。最高裁が主張した評決権のない参審制度を支持する委員は、わずかでした。

【注18】審議会のヒアリングで、法務省は〈陪審制、参審制それぞれの意義と問題点を十分に考慮した上で国民的見地に立って検討してほしい。ただ陪審制を導入する場合、英米法系の刑罰法規に変える必要がある〉と主張。日弁連は重い罪の刑事事件への陪審制度の導入を求めました。

陪審でも参審でもない制度導入へ

法曹三者からのヒアリング後、審議会は二〇〇〇年九月の二回の会議で、「国民参加」について、本格的な議論に入りました【注19】。

中坊委員や高木剛委員（連合副会長、現会長）ら四人は陪審制度の導入を求

【注19】審議会HPの第三十一、三十二回会議の議事録参照。

め、先に述べた陪審制度の長所のほか、冤罪への反省や主権者として民主主義を実践する意義などを強調しました。

一方、七人の委員は、「直接国民が参加しなければ、司法に民主的正統性がないとまでは言えない」、「わが国は長くお上《かみ》依存で、パブリック意識が強い英米とは実態がかけ離れている。いきなり陪審制を導入することが最善か疑問である」などとして、陪審制度導入に消極的でした。

ただ、市民が参加する裁判制度の導入を否定したのは「あらゆるものに専門職があり、国民参加などということは考えられない」と述べた曽野委員一人にとどまりました。佐藤会長は「審議会設置法の中に、国民の司法制度への関与がうたわれ、公聴会でも陪審、参審制に非常に強い関心が示された。この問題について、ある種の発信が期待されている。裁判の内容、決定に国民が参加するという観点から、もう少し制度的に掘り下げられないか」として、議論を先に進めるようにうながしました。

陪審制度消極派の山本勝委員(東京電力副社長、当時)が「参審が望ましい。それも特定の事件に限定しないで、幅広くやった方がいい」、藤田委員が「(参審は)日本の法制度との整合性という問題はあるが、国民の主体性を徹底する観点から言えば、評決権を認める方が望ましい」と、それぞれ意見を述べたことから、佐藤会長は「広く一般の国民が裁判官と責任を分担しつつ協働し、裁判内容に主体的・実質的に関与していくことは、司法を身近で開かれたものとし、裁判内容に社会常識を反映させて、司法に対する信頼を確保するなどの見地からも必要である。特定の国の制度にとらわれず、一定の刑事事件を念頭に、日本にふさわしい参加形態を検討する」という見解で取りまとめを図りました【注20】。

「特定の国の制度にとらわれず」は、陪審の是非《ぜひ》や参審の問題点にこだわった議論を避けるために加えられたとみられます。また民事訴訟は数が多く、事実関係と法律問題が複雑にからみ合うこともあり、市民の負担が大きいという意見が多く、対象は「一定の刑事事件」とされました。

取りまとめに対し、「まだはっきりしていない」と反論する委員がいましたが、佐藤会長は「時間的な制約の中で、まとめないといけない」と押し切りました。市民参加の裁判制度導入が、事実上決まった瞬間です。

【注20】「裁判官と協働」とは、参審を基本とした制度であり、「主体的・実質的に関与」が加わると、市民が評決権を持つことを意味しています。「広く一般の国民」としたことで、参加する市民はドイツのような任期制ではなく、事件ごとに選ぶ陪審員のような形態を想定させます。ドイツでの視察で参審員を〝お飾り〟のような存在と受け止めた委員がいたことなども影響したようです。

「裁判員」と命名

審議会は二〇〇一年一月の会議で、一定の刑事事件を念頭に導入する市民参加の裁判制度の内容をさらにつめるため、刑事訴訟法学者の松尾浩也東京大学名誉教授から意見を聴きました。

松尾名誉教授は「裁判員」という言葉を初めて使い、①健全な社会常識を反映させる目的からいえば、裁判員は裁判官といっしょに事実認定をおこなうだけでなく、量刑も判断することが大切だ、②裁判員は裁判官と同じ法壇に座るのが望ましい、③裁判員が加わる裁判は、年間数百件から千件、二千件の規模にすべきだ、④一定の規模で市民参加の裁判を実施するためにも、自白している被告は除外すべきではない、などと提案しました【注21】。

大半の委員は松尾名誉教授が提案した制度の内容に同意し、①から④は裁判員制度の基本構造として採り入れられました。また、審議会は「控訴《こうそ》(一審判決を不服として、その破棄や変更を高裁に求めること)による救済を可能にするため、判決書に実質的な理由が必要。裁判官だけの裁判と基本的に同様のものとし、裁判官が作成する」との方針も示しました。

対象事件について、松尾名誉教授は社会的関心の高い重大事件にすると、過熱した報道が裁判員の大きな負担となることなどから「最初は比較的中間的な事件から始めて、それが定着したあたりでだんだん拡大していくという方が無難」と指摘しましたが、審議会では「国民の関心が高く、社会的にも影響の大きい事件にすべきだ」という意見が大勢を占めました。

さらに、審議会は「新たな制度は被告人のためというよりも、国民にとって、あるいは裁判制度として、重要な意義があるから導入するものであ

【注21】裁判員法のほか、裁判官弾劾法(裁判官に著しい職務上の義務違反や非行などがあったときの罷免手続きを定めた法律)に「裁判員」の名称があります。この場合の裁判員は、罷免の適否を判断する弾劾裁判所の構成員となる国会議員を指しています。松尾名誉教授は「裁判員」の名称について「『陪審』や『参審』という言葉を使わないよう気をつけて話しているうちに思い付いた。大学の先生を、国立大では教官と呼び、私立大では教員と言う。だから、裁判官に対し、裁判員という言葉が浮かんだのかもしれません」(二〇〇七年四月十七日付読売新聞朝刊)と話しています。

る」として、被告に裁判官だけの裁判を選択する権利は認めず、裁判員を選ぶ際は有権者に等しく参加する機会を与えるとして、事件ごとに、選挙人名簿から無《む》作為《さくい》に抽出《ちゅうしゅつ》することにしました。

最後の難関は、最高裁が指摘した憲法問題でした。佐藤会長らは**内閣法制局【注22】**からも意見を聴き、次のような見解をまとめました（要旨）。

〈憲法には、身分保障や定年など裁判官に関係する規定があり、憲法にいう「裁判所」とは、裁判官を基本的で必須の構成要素とするものとして構想されていることは確かだとしても、国民がそこに参加することをまったく排除していると断定する根拠は存在せず、国民参加を認める解釈も成り立つ。ただ、裁判官を除外して国民だけで裁判することや、裁判官の存在が実質的に意味を持たないような形で裁判内容が決定されることが憲法上許されるかどうかは疑わしい〉

この見解によって、Ⅰ章で紹介した裁判員、裁判官のそれぞれ一人以上をふくむ過半数という評決方法が考え出されました。

〝お上〟意識を変える意義も

司法制度改革審議会は二〇〇一年六月に提出した意見書**【注23】**で「政治改革、行政改革、地方分権、規制緩和などの経済構造改革の根底に共通し

【注22】内閣を補佐する機関で、政府が国会に提出する法律案、政令案などを審査します。また、法律問題について内閣などに意見を述べます。「集団的自衛権（ある国が武力攻撃を受けた場合、その国と密接な関係にある国が一緒に反撃する権利）の行使は憲法上許されない」という政府見解は、内閣法制局の意見にもとづくものです。内閣法制局長官が退任後、最高裁判事となるケースも多くあります。

【注23】意見書全文は審議会のHP参照。

て流れているのは、国民一人一人が統治客体《とうちきゃくたい》(統治されている者の)意識から脱却し、自律的で社会的責任を負った統治主体として、互いに協力しながら自由で公正な社会の構築に参画し、この国に豊かな創造性とエネルギーを取り戻そうとする志であろう。司法制度改革は、諸改革を憲法の基本理念の一つである『法の支配』の下に有機的に結び合わせようとするもので『最後のかなめ』と位置付けられる」と改革の意義を説明しています。

裁判員制度は「制度的基盤の整備」【注24】と「人的基盤の拡充」【注25】とともに、改革の三つの柱の一つとされました。

経済・金融の国際化によって、自己責任とそれに不可欠な情報開示といったグローバル・スタンダードを受け入れざるを得なくなり、〝お上〟にしたがうという日本人の意識の変革が求められるなかで、主権者として司法に参加する裁判員制度には、大きな意味があるというわけです。

弁護士増員とのバーター

司法制度改革審議会は二〇〇〇年八月の集中審議で、経済界などから求められた**法曹の増員**について「(法曹の資格を取得する)司法試験の合格者を増やし、二〇一〇年ころには年間三千人を目指す。そうすれば、二〇一八年ころまでには、法曹人口が五万人規模に達することが見込まれる」との

【注24】民事訴訟の審理期間の半減、知的財産訴訟への対応強化、解雇や賃金不払いなどの紛争を解決する労働審判制度の導入、離婚訴訟などの地裁から家裁への移管など。

【注25】法曹の大幅増員、法科大学院の新設、裁判所や検察庁の職員増員、法科大学院修了者を対象とした新司法試験の実施、裁判官の人事評価への透明性・客観性の確保、弁護士への公益活動の義務づけなど。

方針を決めました【注26】。この内容は意見書に盛り込まれ、裁判員制度導入などのほかの提言とともに、二〇〇二年三月に閣議決定されています。

二〇〇〇年当時の法曹人口は約二万人(うち弁護士約一万七千人)です。それが二十年もしないうちに二・五倍になるというのですから、公務員の裁判官、検事はともかく、法曹の八割以上を占める弁護士には、仕事の需要が増えていかなければ、生活を直撃する大問題です【注27】。

しかし、審議会で法曹を五万人以上に増やすようもっとも積極的に求めたのは、元日弁連会長の中坊委員であり、日弁連も二〇〇〇年十一月の臨時総会で、審議会による増員案の受け入れを決議しました。

当時日弁連会長だった前出の久保井弁護士は「改革論議のなかで、増やさないことには何もできないと考えた。日弁連が求めてきた司法への国民参加実現は、増員受け入れとバーターみたいなものだ」と話しています。

当時は、国や地方自治体で任用《にんよう》される弁護士が増えるほか、民間企業で働く弁護士も飛躍的に増加すると言われていました。ところが、官、民とも弁護士の採用はそれほど伸びず、二〇〇七年末で二万五千人を超えた弁護士のなかには、生活に困る人も出てきています。「質」の低下も指摘され、二〇一〇年に司法試験合格者を三千人にするという目標に反対する意見が相次いでいます。

【注26】司法試験合格者は一九六〇年代から約三十年間、法曹三者の協議で年四百五十人から五百人程度に抑えられてきました。しかしバブル経済期に検事のなり手が激減し、合格者は日弁連の反対を押し切るかたちで、九九年に千人に増やされました。

【注27】弁護士の増加にともない、弁護士法違反や非行などで懲戒処分を受ける弁護士も増え、二〇〇六年は過去最多の六十九件(資格を失う除名、退会命令計五件、業務停止三十三件、戒告三十一件)でした(日弁連発行『弁護士白書 二〇〇七年版』)。

司法試験合格者三千人に反対する意見としては、たとえば、埼玉弁護士会は二〇〇七年十二月に採択した「適正な弁護士人口に関する決議」のなかで「(弁護士の増加は)質の低下をきたすこととなり、市民に重大な損失を与える危険性があるばかりか、生活防衛のために人権擁護という使命を果たすことができない弁護士を大量に生じさせることになるおそれが極めて高い」と指摘していま

「官僚司法」への危機感

二年続いた司法制度改革審議会の会議は、別室のモニターで中継され、集中審議の三日間を除いて、取材記者らに公開されました。委員の一人が隣の委員に「それはないよね」などと話しかける声までマイクはひろいました。議事録も、すべて公開です。従来の政府の審議会は議事録に発言者の名前を残さないケースも多く、画期的なことでした。

また、審議会の議論はとても活発で、なかでも、いまの裁判のあり方をめぐって「精緻《せいち》で質が高い」と述べた元裁判官の藤田委員に対し、中坊委員が「官僚裁判官による司法が多くの冤罪、誤判を生んだんだ」と言い返し、激しいやりとりが続いた場面は、一連の司法制度改革のなかで「**官僚司法**」をどうみるかという重要な論争でした。

議論の経過や意見書などから結論をまとめてみると、〈裁判官によるこれまでの裁判はおおむね良質と言えるが、専門家だけの独善的な世界になっている面もあるので、市民の感覚を反映させ、説明責任を果たすことができるようになれば、より多角的で、より誰もが納得できる裁判になるのではないか〉といったところでしょう。

審議会は裁判員制度に裁判官を中心とする「官僚司法」の改革を託《たく》すと

す(http://www.saiben.or.jp/resolution/resolution071215_01.html)。

鳩山邦夫法務大臣も二〇〇七年九月の記者会見で「(三千人合格が)閣議決定されていても、正しくなければ直していけばいい。日本は訴訟文化ではなく、弁護士は多ければ多いほどいいという議論にはくみしない」と述べています。法務省のＨＰ(http://www.moj.go.jp/kaiken/point/sp070904-01.html)。

ともに、法曹一元とまではいかないものの、弁護士の裁判官任官を推進することや、判事補に弁護士などの経験を積ませること、裁判官の任用に民意を反映させる仕組みを導入することなども提言しました【注28】。

一方、検察をめぐっては、司法制度改革審議会の議論がスタートする約三カ月前の一九九九年四月、東京高検検事長の女性スキャンダルが月刊誌に掲載され、検事長は辞職しました。

また、審議会で司法への市民参加などの議論が大づめを迎えていた二〇〇一年二月、福岡市の女性が福岡高裁判事の妻から電話やメールで嫌がらせを受けていると告訴した事件で、福岡地検ナンバー2の次席検事が捜査の情報を判事に漏《も》らし、妻の嫌がらせをやめさせるよう求めていたことが発覚しました。この検事は記者会見をして「判事を信頼して警告した。違法性はない」と釈明しましたが、証拠の携帯電話が廃棄されていたことなどがわかり、法務省はこの検事を福岡高検検事に異動させたうえ、停職六カ月の懲戒処分とし、結局この検事は辞職しました【注29】。

法務省の但木敬一官房長(当時)は審議会に「(この検事のやったことは)非常に独善的ではないか、おごりがあるのではないか。また、検察官が裁判官に独特の仲間意識を持っている、癒着《ゆちゃく》していると批判されるのもやむを得ない面があった。これらは、われわれにも同様の体質があり、その責任

【注28】弁護士の裁判官任官は、審議会の提言翌年の二〇〇二年から〇七年までに計三十七人にとどまっています(『弁護士白書 二〇〇七年版』)。

裁判官任用に民意を反映する仕組みとして、有識者も加わった「下級裁判所裁判官指名諮問委員会」が二〇〇三年に設けられました。このほか、各地裁の運営に地元の有識者が意見を述べる「地方裁判所委員会」もできました。

【注29】当時の福岡地検検事正と福岡高検検事長も辞職しました。また、福岡高裁判事は最高裁の分限裁判(憲法で身分が保障される裁判官の懲戒処分は裁判で決める)で戒告となり、依願退官しました。

も、われわれ全体が担うべきものではないかと考えている」と報告し、検察官のあり方にかかわる再発防止策【注30】を表明しました。不祥事《ふしょうじ》にあたり、個人の責任を主張する役所や企業が多いなかで、異例の取り組みとなったのは、危機感のあらわれとみられます。

裁判員制度は、法曹の増員に不可欠な日弁連の協力を得るために司法制度改革審議会の検討課題となり、審議会の経過だけ見れば、佐藤会長のリーダーシップのもと、陪審制度の導入を求める委員とそれを阻止したい委員との妥協のうえで提言されたものと考えられがちです。しかし、その背景には、グローバル・スタンダードにさらされ、日本人の意識改革が求められているという事情に加え、独善的な「官僚司法」への危機感があったことも忘れてはならないでしょう。

合議体の構成、与党協議で決定

司法制度改革審議会の意見書を受け、二〇〇一年十二月、政府に**司法制度改革推進本部【注31】**が設けられました。推進本部のなかで、裁判員法案や裁判員制度に向けた刑事訴訟法改正案などの原案を策定したのは、**裁判員制度・刑事検討会【注32】**でした。二〇〇二年二月からスタートした検討会の委員は十一人で、うち司法制度改革審議会の元委員で座長となった井

【注30】但木官房長は再発防止策として、①検事に市民感覚を学ばせるため、弁護士事務所などに一定期間出向させる、②「判検交流」と呼ばれる裁判官と検事との人事交流のあり方見直し、③検察審査会の強化などを挙げました。それぞれ審議会の意見書に盛り込まれ、③については I 章の【注8】で見たように、検察審査会の議決で容疑者が起訴されるようになり、検察官による起訴権限の独占が崩れました。

【注31】本部長は小泉純一郎首相で、各大臣が本部員を務め、裁判員制度・刑事のほか、労働、司法アクセス、行政訴訟、公的弁護制度、国際化、法曹養成、法曹制度、知的財産

上正仁東京大学教授ら刑事法学者四人、法曹四人（裁判官一人、検察官一人、弁護士二人）、警察官僚一人は、のちに成立した裁判員法の就職禁止《しゅうしょくきんし》事由《じゆう》により、裁判員を務められない人たちでした。

司法関係者以外の清原慶子東京工科大学教授（メディア政策）も検討会の途中で東京都三鷹市長に当選し、就職禁止事由に該当しない委員は、土屋美明共同通信社論説委員兼編集委員だけとなりました。実務的に法律案をつくり上げようという人選なのでしょうが、制度づくりに司法関係者の考えが優先され、次の章で述べる問題点や課題を残したとも言えそうです。

検討会で意見が大きくわかれたのは、**合議体《ごうぎたい》の構成**（裁判員と裁判官の人数）や裁判員（補充《ほじゅう》裁判員をふくむ）の守秘義務、報道規制の是非《ぜひ》などで、なかでも最大のテーマは合議体の構成でした。

まず検討会に対して、最高裁はドイツ参審制度の市民二人、裁判官三人を念頭に「コンパクトな構成とすべきで、裁判員が多いと実質的な評議ができない」と主張し、法務省も「少人数」を求めました。それに対して、日弁連は参審員六人、裁判官二人のイタリアの例を挙げ「多様な意見を反映するためにも、裁判員は裁判官の三倍以上は必要」と提案しました。

検討会の議論で、裁判員裁判以外の刑事裁判は従来通り審理することなどから、裁判官はこれまでの合議体と同じ三人とすることでほぼ一致しま

訴訟などの各検討会が置かれました。そして改正司法試験法、法科大学院の教育と司法試験等との連携などに関する法律、裁判迅速化法、改正民事訴訟法、改正弁護士法、労働審判法、改正刑事訴訟法、裁判員法、総合法律支援法、知的財産高裁設置法などの原案を順次策定し、二〇〇四年十一月に解散しました。多くの法律を成立させ「改革の優等生」と言う人もいますが、それだけ課題がたまっていたとも言えます。

【注32】井上、清原、土屋の三氏以外の裁判員制度・刑事検討会委員は、東京地裁の池田修判事（現東京地裁所長）、大出良知九州大学教授（現東京経済大学教授、刑事法）、酒巻匡上智大学教授（現京都大学教授、刑事法）、平良木登規男慶應義塾大学教授（刑事訴訟法）、四宮啓弁護士、高井康行弁護士（元検事）、警察庁の広畑史朗刑事企画課長（途中で後任課長の樋口建史氏に交代）、中井憲治最高検検事（途中で後任の本田守弘氏に交代）。

したが、裁判員は「三－四人」、「五－六人」、「九－十二人」にわかれました。意見はまとまらず、井上座長が二〇〇三年十月に公表した「考えられる裁判員制度の概要について」(通称「座長ペーパー」)では、「裁判官は三人とし、裁判員は四人とするが、五－六人も考えられるので、なお検討を要する」とされ、決着は事実上、与党協議に委ねられました。

検討会の関係者は「清原、土屋両委員は裁判員六人以上を求めたので、五人以下にすると、法律家たちだけで決めたという批判が予想され、一案にまとめきれなかったのではないか」とみています。

与党協議で、自民党は裁判官を三人とし、裁判員は裁判官と対等の立場であることに配慮しつつ、現実に確保できるという観点も必要として、四人を提案しました。

公明党は「裁判員制度は国民主権に基づく裁判制度であり、裁判官はベテラン一人で十分だが、職務が多岐にわたること、さらには若手裁判官育成のためにも二人で分担することが相当。裁判員は多様な意見を反映し、主体性を確保するため、七人とすべきだ」と主張。協議は難航しましたが、両党は二〇〇四年一月、裁判官三人を原則とし、例外的に裁判員四人、裁判官一人の合議体も認めることで合意しました**【注33】**。

与党協議の関係者によると、合議体の人数は評決のときに同数を避ける

なお、議事録は途中まで発言者が匿名となっています。

【注33】自民党の見解は「裁判員制度のあり方について」(二〇〇三年十二

ため、奇数がよく、裁判員は自民党主張の四人と公明党主張の七人とのあいだで、合議体が奇数の九人になる六人にしたとみられます。

刑事訴訟法も改正

検討会のもう一つの大きな課題だった**刑事訴訟法の改正**では、裁判員の負担を軽くするとして裁判の迅速化《じんそくか》に主眼が置かれ、I章で説明した公判前整理手続きが新設され、「**連日的開廷**」が法律に定められました。

刑の軽い事件を対象にした**即決裁判**も導入し、短縮された時間を裁判員裁判に充《あ》てることが想定されています**【注34】**。

また、被告に限られていた**国選弁護人**が容疑者にも選任されるようになりました。日弁連が長年求めてきた制度です。裁判員制度導入を機にようやく実現し、二〇〇六年十月から一定の事件で始まっています。検討会に提出された資料によると、二〇〇一年に勾留された容疑者約十二万六千人のうち、弁護人が選任されていたのは二〇％程度でした**【注35】**。

部分判決制度を追加

政府は二〇〇四年三月、裁判員法案と刑事訴訟法改正案を閣議決定し、国会に提出しました。裁判員法は衆議院で「政府は施行後三年で（裁判員

月十六日公表、http://www.jimin.jp/jimin/seisaku/2003/seisaku-015.html）参照。公明党の意見をまとめた「裁判員制度設計について」（二〇〇三年十二月十一日公表）は、法務省刑事局の辻裕教参事官の解説書『裁判員法／刑事訴訟法』（商事法務）に収録されています。

例外的合議体は被告が起訴事実を認めている事件で、裁判所が事件の内容などから適当と認め、検察官・弁護人にも異議がない場合に適用されます。公判開始後、被告の主張などから適当でないと判断したときは、原則的合議体に変更します（裁判員法二条二－七項）。

【注34】改正刑事訴訟法の条文は法務省のHP（http://www.moj.go.jp/SAIBANIN/pdf/keisohou.pdf）。

即決裁判は原則として法定刑の下限が一年に満たない懲役・禁固で、罪状に争いがなく、明白な場合、検察官が容疑者側の同意を得て起訴と同時に申し立てます。公判は原則一回で、その日のうちに判決が宣告さ

裁判の）実施状況を検討し、必要な措置を講ずる」という**見直し条項**が加えられ、裁判員の守秘義務に関する条文も一部修正（七三ページ参照）されたうえで、改正刑事訴訟法とともに、二〇〇四年五月に成立しました。

二〇〇七年五月には、同じ被告が複数の事件で起訴されたケースで、事件ごとに裁判員を選任し、区分して審理する**部分判決制度**などを加えた**改正裁判員法**が成立しました。施行されていない法律の改正は異例です。

部分判決制度は、同じ被告の複数の事件を一括審理《いっかつしんり》すると、公判が長期間におよぶなどして、裁判員に大きな負担をかける場合に適用されます。裁判官三人はすべての事件を担当し、事件ごとに異なる裁判員と評議をして、それぞれ有罪か無罪かを決め、最後の事件を担当した裁判員とは、有罪の場合の量刑も決定します。

たとえば、被告が三つの事件で起訴されたケースで、まずA事件を担当裁判官三人と裁判員Aグループの六人とで審理し、有罪か無罪の部分判決を言い渡します。続いて担当裁判官三人と裁判員Bグループの六人がB事件について有罪か無罪の部分判決を宣告します。その後、担当裁判官三人と裁判員Cグループの六人はC事件の有罪・無罪を決めたうえ、A事件かB事件のどちらか、あるいは両方が有罪の場合、それぞれの部分判決と情状などを踏まえ、量刑を決めることになります。

れ、懲役・禁固刑には執行猶予がつきます。外国人の不法残留や覚せい剤所持で初めて逮捕されたケース、万引などが対象で、これまで起訴から約二カ月かかったケースが二週間以内で終結します。二〇〇六年十月から始まっています。

【注35】容疑者の国選弁護制度は、裁判員裁判で義務づけられる公判前整理手続きに向け、弁護人が早期に争点などを把握できるようにする意義もあるとされています。

当初は弁護士が大都市に偏在し、一部の地域で国選弁護人の選任態勢が整わないおそれがあるため、対象は殺人、放火など重大事件だけにとどめていますが、二〇〇九年五月からは窃盗や傷害なども対象に加わります。二〇〇六年十月から〇七年九月までに、容疑者の国選弁護人が選任されたのは約六千八百件でした。対象が拡大されると、選任件数は十倍以上になる見通しです（九九ページ参照）。

ただ、事件を区分して審理すると、犯罪の証明に支障が生じるおそれがあるときや被告の防御に不利益を生じるおそれがあるときなどは、このやりかたは採用されません**【注36】**。

【注36】部分判決の規定は裁判員法七一―九九条。裁判所は部分判決をするための「**区分審理決定**」をすると、裁判員選任手続きで、候補者のなかから、順次区分審理する事件ごとの「**選任予定裁判員**」をあらかじめ選ぶことができます。

部分判決制度に対しては、六八ページの例で、A、B事件が有罪の部分判決、C事件は無罪と評決された場合、Cグループの裁判員が量刑を担当するのは、裁判員にとっても被告にとっても納得しがたい面があるなどの問題点が指摘されています。

裁判員裁判第一号は二〇〇九年七月下旬か

裁判員制度をスタートさせる裁判員法の施行日は、同法の公布日(二〇〇四年五月二十七日)から五年以内に政令で定める(裁判員法付則一条)とされ、政府は二〇〇八年四月、施行日を二〇〇九年五月二十一日とする政令を決定しました。この日以降に起訴された対象事件が裁判員裁判となります。

第一号は、公判前整理手続きがあり、約六週間前までに裁判員候補者に選任手続き期日のお知らせを送付されることを考えると、早くても二〇〇九年七月下旬とみられます。東京都世田谷区の一家四人殺害など、発生以来何年も捜査が続いている事件で、容疑者が起訴された場合、対象事件であれば裁判員裁判となります。

Ⅲ　どんな問題点、課題があるのか

この章では、裁判員制度の問題点や課題をまとめてみます。問題点や課題は山積し、導入反対論も相次いでいます。市民のふつうの感覚が制度に十分反映されていないことが背景にあるようです。また刑事司法や法曹《ほうそう》のあり方が大きく変わらないと、裁判員制度は〝絵に描いたもち〟になりかねません。変革が本当に実現するかどうかも問われています。

一生背負う守秘義務

まず最大の問題点は、裁判員・補充裁判員《ほじゅうさいばんいん》**【注1】**を務めた人（元裁判員・元補充裁判員）に課される**守秘義務**《しゅひぎむ》**【注2】**です。裁判員法に定められている守秘義務の対象は、次の通りです（七〇条、一〇八条参照）。

〈1〉評議の秘密

①裁判員や裁判官が述べた意見、各意見を支持、反対した人の数
②評決の結果　たとえば「〇対〇で有罪」など

【注1】補充裁判員は審理に立ち会い、評議を傍聴します。裁判官から求められた場合には、意見も述べます（裁判員法一〇条など）。

【注2】職務上知った秘密を漏らさない義務。国家公務員は国家公務員法で、地方公務員は地方公務員法で、弁護士、公証人、医師、薬剤師、医薬品販売業者、助産師、宗教者は刑

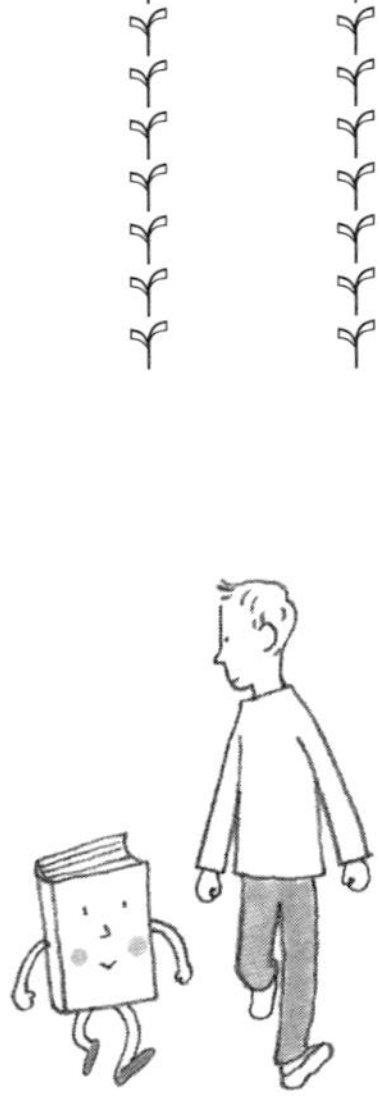

③どのような経過を経て結論に至ったか（**評議の経過**）

〈2〉評議の秘密以外の**職務上知り得た秘密**

①裁判員の名前

②裁判記録などに記載されていた事件関係者のプライバシー

〈3〉担当した事件の事実認定や量刑の当否に関する意見　たとえば「あれは無罪だった」、「あの刑は軽すぎた」など

これらの情報を漏《も》らすと、**秘密漏示《ひみつろうじ》罪《ざい》**【注3】に問われ、〈1〉の③を除き、六カ月以下の懲役または五十万円以下の罰金が科されます。〈1〉の③は利益を得る目的で漏らした場合、六カ月以下の懲役または五十万円以下の罰金、利益を得る目的がない場合、五十万円以下の罰金となります。

一方、現職の裁判員・補充裁判員は、元職の〈1〉〈2〉のほか、担当事件の事実認定や量刑に関する意見などが守秘義務の対象とされ、罰則はいずれも六カ月以下の懲役または五十万円以下の罰金です。

守秘義務は、誰が何を言ったかを明らかにされると評議で自由に意見を言えなくなるので必要とされ、話してもかまわないのは、公開の法廷でのやりとり、裁判員を務めた感想と言われています【注4】。

ただ、どこまで話すと処罰されるのかは、法律の専門家には明確なのか

法で、公認会計士は公認会計士法で、それぞれ守秘義務が課されています。仕事を辞めた後も同様です。

【注3】守秘義務に反し、職務上知った秘密を漏らす罪。罰則は国家公務員が一年以下の懲役または五十万円以下の罰金、刑法で守秘義務が課されている弁護士や医師らは六カ月以下の懲役または十万円以下の罰金、公認会計士は二年以下の懲役または百万円以下の罰金です。刑法や公認会計士法の秘密漏示罪は、親告罪（起訴するには、被害者の告訴が必要とされる犯罪）とされています。

【注4】守秘義務が必要な理由として、政府や最高裁は、①関係者のプライ

もしれませんが、ふつうの市民からみると、非常にあいまいです【注5】。関係者のプライバシーや実名を挙げて他人の意見を明らかにするのは別としても、市民の気持ちとして、貴重な体験を親しい人に話し、見聞を広めてもらいたいと思うでしょう。制度が浸透するためには、体験が語り継がれていくことも大切ではないでしょうか。元裁判員が秘密を一生背負っていくのは、頭ではわかっていても、実際にはとてもむずかしいことです。

また、評議で裁判官が裁判員の意見を無視し、強引に判決内容を決めたケースなどがあった場合、元裁判員らが具体的にその経緯を〝内部告発〟しないと検証ができず、同様のことがくりかえされるでしょう【注6】。

司法制度改革推進本部裁判員制度・刑事検討会では、現職はともかく、元裁判員・元補充裁判員については、「守秘義務を負う期間を限定すべきだ」、「自分の意見を公表することは許すべきだ」などの意見が出ました。しかし、①裁判所法で裁判官も評議について守秘義務が課されている、②関係者のプライバシーにかかわる守秘義務の解除時期を一律に定めるのはむずかしい、③自分の意見といっても審理、証拠から得られた情報や他の裁判員、裁判官との意見交換を通じて形成されたもので、評議の秘密が漏れるおそれがある、などと反論され、採用されませんでした【注7】。

国会審議でも守秘義務は大きな問題となり、政府の法案では懲役刑は国

バシー保護、②裁判の公正さや裁判への信頼確保、③いわゆる〝お礼参り〟を防ぐ、などの点も挙げています。話してもかまわない感想としては、裁判員を務めて「疲れた」「非常にむずかしかった」、当事者（検察官・弁護人）の話が「わかりにくかった」「長かった」などのほか、「こういう点を改善したらいいんじゃないか」といった制度への提言を例示しています。二〇〇四年四月二日の衆院法務委員会での政府答弁や最高裁の「裁判員制度Ｑ＆Ａ」参照。

【注5】懲役刑が科される例として、政府が二〇〇四年二月二十五日の衆議院法務委員会で挙げたのは、裁判を通じて知った事件関係者のプライバシーをインターネット上に掲載する行為です。

【注6】緑大輔広島修道大学准教授（刑事法）は守秘義務について「裁判員の議論のしやすさを優先する結果、却ってその義務の重さにより裁判員になることを躊躇するというジレンマがこの重い守秘義務により生じる

家公務員法の秘密漏示罪と同じ「一年以下」でしたが、衆議院で六カ月以下に修正されました。また一律に懲役刑を設けていた七一ページ〈1〉の③のうち、利益を得る目的なしのケースは罰金刑のみとしました【注8】。

じつは、前に述べた裁判官の守秘義務違反には罰則がなく、退官後は守秘義務を負いません【注9】。またアメリカの陪審制度では、「表現の自由」に配慮して元陪審員に守秘義務を課していません。評議の内容を記者会見で話したり、手記にまとめたりする元陪審員もいます【注10】。

元裁判官やアメリカの元陪審員に守秘義務がないのに、元裁判員・元補充裁判員はどうして守備義務を一生背負っていかなければならないのでしょうか。さらに、ここまで重い罰則が必要なのでしょうか。

簡潔すぎる選任手続き

次に、**裁判員選任手続き**の問題点を挙げます。裁判員候補者には裁判所に呼び出される際、裁判にかかる予想日数が伝えられます。それがたとえば三日の場合、会社員の候補者は三日間の休暇を取り、仕事を調整して裁判所に出向きます。しかし、選任手続きは初日午前中の二時間余りで終わり、選ばれないと帰ることになります。この点は、前に述べたように、模擬裁判参加者からも苦情が出ています。選任手続きを第一回公判とは別の

ように思われてならない」と指摘しています。『法律時報』七七巻四号（二〇〇五年四月）の「裁判員の負担・義務の正当性と民主主義」。

【注7】第十五回、十八回、二十五回、二十九回会合の議事録参照。

【注8】衆議院と参議院の法務委員会は裁判員法を可決した際、「守秘義務の範囲の明確化」を求める付帯決議（委員会としての意見や希望を表明するもので、本会議に報告される）をしています。

【注9】静岡県清水市（現静岡市）で一九六六年、一家四人を殺害したとして袴田巌元プロボクサーの死刑が確定し、再審請求が続いている「袴田事件」で、一審静岡地裁判決を担当した元裁判官の熊本典道さんは「自白に疑問を持ち、評議で無罪を主張したものの、残る裁判官二人の意見によって死刑が決まった」と評議の秘密を明らかにしています（二〇〇七年三月八日付朝日新聞夕刊）。

【注10】最高裁の調査結果によると、アメリカでも事件によっては、裁判

日に実施し、選ばれた人だけ公判に出向くようにできないのでしょうか。

最高裁は、選任手続きと第一回公判の間隔《かんかく》によっては、日程調整ができなかったり、新たな支障が出たりして、裁判員が欠けるおそれがあると予想します。そうなると、補充裁判員を多く選任する必要が生じ、市民の負担が大きくなると説明しています【注11】。

一方、裁判員選任手続きで、裁判長による質問は一人あたり数分の予定です。プライバシーにかかわる質問も必要な範囲にとどめる方針で、職業をたずねるケースも少ないとみられます。

この程度の質問で、事件報道や個人的偏見によって被告の有罪・無罪について予断を持っていないかなどを見きわめることができるのでしょうか。アメリカの陪審員の選任手続きでは、検察官や弁護人も候補者に質問し、長い時間をかけます。数日におよぶこともあります【注12】。

最高裁はできるだけ迅速に手続きを進め、裁判員が裁判にかかわる時間を短くしようとしています。市民の感覚として、それは助かると考える人はいるかもしれませんが、せっかく裁判員を務めるなら、しっかりやろうと思う人もいるでしょう。

選ばれる確率、地域格差が六倍

官が陪審員の職務終了後も、評議の秘密を口外しないよう求める場合があり、イギリス、ドイツ、フランスでは、元陪審員、元参審員に守秘義務が課せられています。

【注11】「裁判員制度ナビゲーション」参照。

裁判官のなかには「日本人はまじめだから、裁判員に決まった人はすぐ事件の勉強を始めてしまう。新聞記事などで被告人は犯人に違いないといった予断を持って公判に臨まれると、公正な裁判が妨げられる」と話す人もいます。

【注12】アメリカの陪審制度を調査した伊藤和子弁護士(東京弁護士会)によると、陪審員選任手続きで、裁判官は「いまは何の証拠も提出されていないから、現時点で判断を求められたら被告を無罪と判断しなければなりません。この考えに従えますか」、「被告は自ら無罪を証明する必要はありません。法廷で発言しなく

最高裁が全国の地裁本庁五十カ所（支部分をふくむ）ごとに、二〇〇六年の裁判員裁判対象事件数と有権者数で、裁判員（六人）や補充裁判員（二人）に選ばれる確率を試算したところ、もっとも高いのは大阪で、二千五百六十人に一人でした。千葉（二千六百人に一人）、津（三千百三十人に一人）、高松（三千二百六十人に一人）、名古屋（三千三百十人に一人）、東京（三千三百四十人に一人）と続きます。全国平均の四千百六十人に一人を上まわったのは、十三地裁でした（左の表参照）。

逆に選ばれる確率がもっとも低いのは、一万四千八百人に一人の金沢。次いで、大分（八千九百人に一人）、松江（八千三百九十人に一人）、秋田（七千九百六十人に一人）、釧路（七千七百六十人に一人）などの順です。

ても、何の立証を行わなくても、検察官の主張が合理的な疑いなく有罪を証明できなければ、無罪です。この考えに従えますか」などと質問し、**無罪推定の原則**を理解しているかどうかを確認します。著書『誤判を生まない裁判員制度への課題――アメリカ刑事司法改革からの提言』（現代人文社）より。

陪審制度にくわしい四宮啓弁護士（第二東京弁護士会）の著書『Ｏ・Ｊ・シンプソンはなぜ無罪になったか』（現代人文社）によると、シンプソン裁判では、千人以上の陪審員候

裁判員に選ばれる確率

地裁	対象事件数	確率
札幌	79	1/4410
函館	9	5850
旭川	15	5250
釧路	13	7760
青森	25	5930
秋田	15	7960
盛岡	20	7050
仙台	54	4410
山形	21	5860
福島	42	4990
水戸	74	4080
宇都宮	52	3900
前橋	60	3400
さいたま	121	5900
千葉	238	2600
東京	388	3340
横浜	187	4780
新潟	39	6360
富山	17	6720
金沢	8	14800
福井	13	6320
甲府	12	7370
長野	36	6150
岐阜	46	4610
静岡	80	4790
名古屋	216	3310
津	60	3130
大津	34	3980
京都	47	5600
大阪	345	2560
神戸	133	4250
奈良	27	5370
和歌山	19	5680
松江	9	8390
鳥取	10	6160
岡山	39	5070
広島	51	5700
山口	33	4660
徳島	18	4640
高松	32	3260
松山	29	5230
高知	24	3430
福岡	145	3510
佐賀	18	4810
長崎	24	6250
熊本	47	3980
大分	14	8900
宮崎	20	5880
鹿児島	29	6110
那覇	24	5440
全国	3111	4160

※全事件で裁判員６人、補充裁判員２人を選任する想定で、２００６年の有権者数、対象事件数で試算。

大阪と金沢とでは、裁判員に選ばれる確率に六倍近い格差があります。犯罪の増減はその地域の景気などに影響されると言われ、こうした格差はなくならないでしょう。

アメリカでは、大きく報道された事件の陪審裁判は、犯罪発生地ではなく、別の地域で実施することがあります。犯罪発生地に近いほど、事件に関する予断・偏見が強いとされているからです（一三七ページ参照）。

「参加やむなし」四五％

ここからは世論調査の結果を見ながら、問題点や課題をさらに探っていきます。

日本世論調査会**【注13】**が二〇〇八年三月に実施した全国面接調査（二十歳以上の男女計千八百十二人回答）で、裁判員を「務めたいとは思わない」、「あまり務めたいとは思わない」と答えた〝参加消極派〟は計七二％（小数点第一位を四捨五入、以下同じ）にのぼりました。

〝参加消極派〟は、司法制度改革審議会が裁判員制度の導入を提言して半年後の二〇〇一年十二月や二〇〇三年九月の調査では六〇％前後だったので、制度の開始が近づき、裁判員裁判の内容も明らかになるにつれて増えています**【注14】**。

補者が裁判所に集められ、陪審員の選任手続きが二カ月以上続きました。候補者に回答を求める質問書の設問は二百九十四もあり、候補者への質問は一人一時間を超えることもありました。

【注13】共同通信社から記事、写真、図表の配信を受けている各地の新聞社など三十八社と共同通信社で組織する世論調査の全国組織です。

【注14】日本世論調査会の調査結果は、

一方、最高裁が二〇〇八年一月から二月にかけて、全国で実施した意識調査（二十歳以上の男女計一万五百人回答）は、裁判員裁判に「参加したい」四％、「参加してもよい」一一％、「あまり参加したくないが義務なら参加せざるを得ない」四五％、「義務であっても参加したくない」三八％という結果でした**【注15】**。

ある検察幹部は「やむなく参加しながらも、まじめに、迷いながら判断してくれる人が制度を支える」と予想しています。積極的に参加する人のなかには「殺人犯はみんな死刑にしてやる」などの偏見を持っている人がまぎれこんでいる可能性があり、確かに検察幹部の言う通りかもしれません。

ただ、裁判官や検察官のなかには「裁判員を仕方なくやってもらっても、いい判決は出ないだろう」とみる人もいます。

物理的な都合より精神的な不安

世論調査の結果で、もう一つ重要なのは、裁判員裁判に参加する際の心配事や支障をたずねた質問への回答です。最高裁の先の調査（十一の選択肢からいくつでも回答）では「判決で被告の運命が決まるため責任を重く感じる」七六％、「素人に裁判が行えるのか不安である」六四％、「裁判官と対

西日本新聞などの二〇〇八年三月十六日付朝刊参照。

【注15】最高裁刑事局は「『参加したい』、『参加してもよい』、『参加せざるを得ない』を足すと六〇％。これだけの人が少なくとも裁判所に来てくれる。アメリカの陪審制度でも、陪審員の候補者になったという通知に回答するのは六〇％程度と言われているので、一定の水準に達している」とみています。

等な立場で意見を発表できる自信がない」五六％、「身の安全が脅かされるのではないかという不安がある」五五％、「冷静に判断する自信がない」四八％が上位を占め、「仕事に支障が生じる」と「養育や介護に支障が生じる」は、それぞれ三七％と一七％でした。

最高裁は裁判員裁判を可能なかぎり迅速に終わらせ、裁判員の負担を軽くしようとしていますが、じつは有権者の気がかりは、仕事などの物理的な都合よりも精神的な不安のほうが大きいようです。

精神的な不安のうち、裁判をすることへの気の重さについて、最高裁は①裁判員は一人ではなく、他の裁判員や裁判官とチームで判断する、②裁判官は裁判員が気軽に意見を言える雰囲気をつくる、③法律の知識がなくても、証拠にもとづいて事実があったかなかったかなどは日常生活のなかでも判断している、などとして解消に努めています**【注16】**。

また裁判員の身の安全についても、最高裁は「裁判官や裁判所職員が事件関係者から危害を加えられたというような事件はほとんどおきていません」と説明しています**【注17】**。

戦中まで日本でも陪審裁判をやっていたことや欧米各国、中国、韓国などに市民参加の裁判制度があること、検察審査会の元審査員の大半が「有意義だった」と話していること、などは参考になるでしょう**【注18】**。

【注16】「裁判員制度Q＆A」参照。③については「壁にらくがきを見つけたお母さんが、このいたずらは兄と弟のどちらがやったのかと考える場合、『こんなに高いところには弟は背が届かないな』とか、『このらくがきの字は弟の字だな』とか、らくがきを見てどちらがやったのかを考えると思います」という例を示し

模擬裁判の参加者からは、「服装を覚えられないように、裁判官の黒い法服を裁判員にも着させてほしい」などの要望が出ています。法服は裁判員を務めた記念品にもなります**【注19】**。

多様な人の参加が大切

裁判員裁判の判断が適正なものになるためには、どのような裁判員が必要となるのでしょうか。

二〇〇七年十一月から十二月にかけて、裁判員制度について調査するため来日したコーネル大学法科大学院のバレリー・ハンズ教授は、「陪審には『正しい判断をする能力があるのか』といった議論がある」として、次のような実験結果を明らかにしました。

人種、性別、職業、年齢などが多様なグループと、単一的なグループをつくって同じ事件を審理させたところ、多様性のあるほうが事件を多角的、活発に検討して結論を導き出しました。ハンズ教授は「できるだけ多様な人に参加してもらうことが大切」と話しています。また、陪審員が出した結論と、裁判官が同じ事件をどうみるかを比較する研究で、一致率は六三―八四%。「事件の複雑さや証拠のむずかしさは一致率にさほど影響せず、市民も事実認定はきちんとできる」とハンズ教授はみています**【注20】**。

ています。この例示に対して、弁護士からは「弟が脚立を使って高い位置に落書きし、兄がやったように見せかけたり、筆跡をごまかしたりする可能性も含めて考える人も多いだろう」、「裁判所は有権者はこの程度だと考えているのか」などと指摘する声が上がっています。

【注17】「裁判員制度Q&A」参照。「裁判官や裁判所職員が事件関係者から危害を加えられたというような事件はほとんどおきていません」としていますが、**【注4】**で見たように、守秘義務の必要性を説明する際は〝お礼参り〟に言及しています。

【注18】検察審査会の元審査員の有志でつくる「検察審査協会」が各地にあり、HPには審査員を経験した感想などが多く掲載されています。

【注19】「裁判員制度Q&A」では、法服の支給について「現時点では、考えていません」となっています。

【注20】二〇〇七年十二月十七日付朝

無給の企業が一一%、一時保育料は日当で

最高裁は裁判員裁判に向けて「関係省庁と連携しながら、参加しやすい環境整備に努めていきたい」としています。多様な人の参加を確保するという観点からも、とても重要なことです。

まず、サラリーマンについてみると、上場・非上場計二百九十社が回答した財団法人労務行政研究所の二〇〇七年五―七月の調査【注21】では、裁判員参加にともなう休暇の扱いを「すでに決めている」のは七%にとどまり、「未決定だが方針はほぼ決まっている」一二%、「これから検討する」六三%、「いまのところ検討予定はない」一九%でした。

「すでに決めている」と「未決定だが方針はほぼ決まっている」と回答した企業に賃金の扱いをたずねたところ、有給扱いは五九%に対し、無給が一一%、裁判員の日当を差し引いて支給が二%で、会社によって考え方に違いがあるようです。非正規の社員については、四一%の企業が正社員と同様に対応すると答えています。

一方、育児や介護をしている人が裁判員を務める場合に備え、最高裁や厚生労働省は一時保育や介護サービス(ショートステイなど)の利用をPRしていますが、一時保育などの費用は助成されません。裁判員や裁判員候

刊用の共同通信配信記事。

【注21】調査結果は労政行政研究所のHP(https://www.rosei.or.jp/contents/detail/3219)参照。

補者の日当は「報酬ではなく、職務を行うに当たって生じる損害の一部を一律に補償するもの」という位置づけで、一時保育などの費用は日当にふくまれているからです**【注22】**。

サラリーマンも育児・介護中の人も、これでは参加意欲がなかなか高まらないかもしれません。

「遠い存在」の刑事裁判

大学の法学部などで刑事訴訟法を勉強すると、①裁判官が白紙の状態で公判に臨《のぞ》めるようする**起訴状一本主義【注23】**、②当事者である検察側と被告・弁護側が主張を述べあい、証拠を出しあって、裁判所が判断する**当事者主義【注24】**、③任意《にんい》性《せい》に疑いのある自白や反対尋問を経ていない供述には、原則として**証拠能力【注25】**を認めない法則（**自白法則**、**伝聞法則**と呼ばれます）、④**口頭主義**、⑤証拠調べに立ち会い、当事者の主張を聴いた裁判官が判決を担当する**直接主義**の原則**【注26】**などを学びます。

これらは刑事訴訟法の理念とされる**公判中心主義**を実現するための基本ルールですが、実際の刑事裁判では、Ⅰ章やⅡ章で述べたように「調書裁判」が続いてきました。

また、刑事裁判で必ず真実に到達できるという保証はなく、裁判官は、

【注22】「裁判員制度Ｑ＆Ａ」参照。

【注23】検察官が被告を起訴する際は、裁判所に起訴状だけを提出し、裁判官に予断を生じさせるような書類などは添付してはならず、起訴状に検察側の証拠の内容を引用することも許されません。

【注24】事件について、対立する主張や異なる見方が法廷に出されるので、真実の発見に近づくと考えられ、イギリスやアメリカ、イタリアなどで採用されています。

【注25】法廷で事実を証明する証拠として採用することが許される資格。
捜査機関が裁判所の令状なしに押収

①「真犯人を一部取り逃がすことになっても無実の者を処罰しない」ということで満足するか、②「真犯人は絶対に見逃さない。そのためには、無実の者がときに犠牲になってもやむを得ない」と割り切るか、どちらかの選択を迫られて頭を悩ませると言います**【注27】**。

「疑わしきは被告人の利益に」という刑事裁判の鉄則にしたがえば、①が本来のあり方のはずですが、現実には、「無実の者がときに犠牲になってもやむを得ない」とは思わないまでも、②の真犯人を処罰しない不正義を考える裁判官も多いようです。

しかし、こうした現状が刑事裁判をひたすらわかりにくくし、最高裁の島田仁郎長官も「ともすれば犯罪の前後におよぶ詳細な事実を究明しようとして、証拠が分厚い調書を含む膨大なものとなりがちで、審理が長期間に及んだり、精緻《せいち》さを追い求めるあまり法律専門家しか理解できない議論が行われる状況が見られるようになった。ときに刑事裁判が国民に理解できない遠い存在になってしまっているという厳しい指摘を受けた」と述べざるを得ない状況になっています**【注28】**。

難解な法律用語、堅苦しい言葉遣い

検察審査会の元審査員の有志でつくる各地の「検察審査協会」のホーム

した証拠物や盗聴した録音テープの内容(「**違法収集証拠**」と呼ばれています)などにも、証拠能力が認められません。

【注26】裁判官は平均三年で転勤するので、公判を最後まで担当せず、別の裁判官に引き継ぐ場合(公判手続きの更新)があり、直接主義に反すると批判されてきました。

【注27】元裁判官の木谷明・法政大学教授(刑事法)の著書『刑事裁判の心——事実認定適正化の方策〔新版〕』(法律文化社)。

木谷教授は①の考え方にもとづいて「重要な疑問が解消できず、有罪であることについて説得力ある説明ができないときは、形式的な有罪証拠に引きずられることなく無罪判決に踏み切る」、「証拠の不足を推測や想像で補うのは適当でない」という結論にたどり着いたと書いています。

【注28】二〇〇七年十月一日の「法の日」(一九二八年十月一日に陪審法が施行されたことに由来)に、日本記者クラブであった記者会見での発言

（全文は、http://www.jnpc.or.jp/cgi-bin/pb/pdf.php?id=299)。ページを見ると、「表現が硬くて馴染《なじ》みのない法律用語には苦労した」、「日常使わない言葉、耳にしない言葉が多く、議論するときも言葉を選びながら発言し、ドキドキだった」などの感想が掲載されています。難解な法律用語は、裁判員も苦しめると予想されます。

司法関係者の言葉遣《づか》いは堅苦しく、「しかるべく」（主張や意思表示はせず、裁判所にまかせるといった意味で使われます）などの慣用語もあり、裁判所は裁判員に一つずつわかりやすく説明しなければなりません。

また、起訴状はどんなに長くても一文で書かれ、主語と述語のかかり受けなどがわかりにくいときがあります。

迅速化で裁判が不公平に?

ここからは裁判員裁判そのものの問題点や課題に移ります。

もっとも論議されているのは、裁判員に物理的な負担をかけられないとして、進められている裁判の迅速化です。内容の充実した裁判ができず、誤判や量刑のばらつきが生じるのではないかという不安を募らせている人が少なくありません。論議の対象は、公判前整理手続き（二七ページ参照）と、九割が五日以内と想定されている公判期間に大きくわかれます。

被告が起訴事実を争う事件では、これまで検察側の立証が終わってから、弁護側が検察側立証に対する疑問点を指摘するケースがほとんどでした。

検察側が合理的な疑いをはさまれない程度まで犯罪を立証しなければ無罪という鉄則があるので、こうした弁護活動がとられてきたのです。

しかし、公判前整理手続きでは、弁護側は検察側の証拠や立証方針を見て、初公判前に証拠と主張を明らかにしなければなりません。公判が始まり、証人尋問などのなかで検察側の立証に疑問点が浮かんでも、原則として新たな証拠を請求できません。

弁護側は公判前整理手続きに向け、まず検察側に被告や事件関係者、証人予定者らの供述調書などの**証拠開示**を請求します。検察側は開示の重要性、必要性、開示によって生じる弊害を考慮し、速やかに開示しなければなりませんが、一部の証拠について開示せず、弁護側が裁判所の裁定をあおぐケースもよくあります。弁護士からは「被告人に有利なものもふくめた全面的な証拠開示がなければ、弁護の方針や主張を決められない」との声が上がっています**【注29】**。

また、国選弁護制度が容疑者に拡大されたとはいえ、弁護人が逮捕・勾《こう》留《りゅう》されている容疑者と**接見**《せっけん》**【注30】**し、主張や証拠について打ち合わせる時間は限られています。

しかも、一人から数人の弁護側に対し、警察や検察は組織で捜査にあた

【注29】前掲の伊藤和子弁護士の『誤判を生まない裁判員制度への課題——アメリカ刑事司法改革からの提言』によると、アメリカでは、連邦最高裁が一九六三年に、検察官が事実認定と量刑に関する被告に有利な

り、強制的に証拠を集め、十分な準備をして公判前整理手続きに臨《のぞ》みます。

「かなり不公平で、公判前整理手続きは、そのやり方によっては、憲法が保障する適正手続きに反する」と指摘する弁護士や刑事法学者がいます。裁判員となった場合、こうした実情も念頭に置く必要がありそうです。

冤罪救済を阻む、証拠のコピー利用禁止

公判前整理手続きをめぐり、さらに見過ごせない大きな問題があります。改正刑事訴訟法で、検察側が開示した証拠のコピーの目的外使用が禁止された点です。被告と弁護人(利益目的の場合)には、一年以下の懲役または五十万円以下の罰金という罰則もあります**【注31】**。

しかし、これまで無実を訴える被告が支援を求める文書などで、有罪の証拠とされた鑑定書や供述調書の一部を引用することは広くおこなわれてきました。また、報道機関は被告や元被告が冤罪を主張する事件で、供述調書などのコピーを入手し、その内容を検証したり、矛盾点を指摘したりしてきました。

それらができなくなるとしたら、冤罪の救済が困難となり、このような法律の改正は捜査機関側だけを利する結果となりかねません。

ジャーナリストの大谷昭宏さんは「私たちが追及しようとした冤罪事件

証拠を開示しない場合、検察官に悪意があるかどうかを問わず、適正手続き違反と判断しました。検察官は被告に有利な証拠をすべて弁護人に開示しなければなりません。

【注30】接見とは、逮捕などによって身体を拘束されている人と面会することで、刑事訴訟法では、弁護人や弁護人になろうとしている弁護士は立会人なしで接見できると定められています。

ただ起訴の前は、捜査上の必要があり、容疑者の権利を不当に制限しない範囲で、検察官らは接見の日時、場所、時間を指定できるという規定もあります。この接見指定をめぐり、弁護人は接見を妨害されたとして、相次いで訴訟を起こしてきました。日弁連のホームページには、弁護人が一九六五年以降に提訴し、勝訴した三十件を超える判決が掲載されています(http://www.nichibenren.or.jp/ja/committee/list/data/sekken_b_000.pdf)。

【注31】法務省の辻参事官は目的外使

について、弁護士から**開示証拠の目的外使用禁止**の条項に基づいて、証拠の提供を断られるという事態が起きている。このままでは、メディアの調査報道は死を宣告されたに等しい」と指摘しています**【注32】**。

死刑の適否決断、大きな負担に

裁判員裁判の公判期間について、二日以内に二割、三日以内に五割、五日以内に二割が終わるという想定は、公判前整理手続きで審理期間が大幅に短縮されたことにもとづいています。

二〇〇六年に一審が終わった裁判員裁判の対象事件のうち、公判前整理手続きが実施された事件の平均公判回数は三・三回(起訴事実を認めた被告の平均は二・五回、否認した被告の平均は四・二回)でした。

また、内閣府が二〇〇五年二月に実施した世論調査(全国の二十歳以上の男女計二千七十七人回答)で、「裁判員になる場合、裁判所に行く日数を多くて何日までにしてもらいたいですか」という設問に、「一日」一二%、「二—三日」三六%、「四—五日」二〇%、「六—十日」八%、「十日を超えてもいい」七%という回答が寄せられました。こうした調査結果も審理期間の想定の背景にあるようです。

日本世論調査会は二〇〇八年三月の調査で「裁判員制度の裁判は九割が

用禁止の必要性について〈証拠のコピーなどが目的外で第三者に渡ると、証拠隠滅、証人への威迫、関係者の名誉・プライバシー侵害などの弊害が拡大するおそれが大きい。コピーが暴力団側に流出したり、インターネットなどで公開されたりしたケースがある〉(『司法制度改革概説〈6〉裁判員法/刑事訴訟法』)と説明しています。

【注32】『法と民主主義』四二三号(二〇〇七年十一月、日本民主法律家協会)掲載の論文「『証拠の目的外使用禁止』は調査報道に対する『死の宣告』」。

調査報道は報道機関やジャーナリストが独自に調査し、権力側の不正、冤罪、少数者の権利の侵害、隠された歴史的事実などを報じ、世に問うこと。代表的なものとしては、アメリカのワシントン・ポスト紙によるウォーターゲート事件、朝日新聞によるリクルート事件などの報道が知られています。

三日から五日で判決を言い渡すと想定されています。こうした審理期間について、どう考えますか」と質問しました。回答は「妥当である」二八%、「妥当でない」一六%にわかれ、「どちらとも言えない」が五三%でした。判断がつきかねるといったところでしょうか。

ただ、指摘しなければならないことがあります。

裁判員裁判の対象事件のなかには、検察側が**死刑**を求刑する事件があるということです。しかも、遺族感情を重視する傾向の強まりなどから、死刑の適用が問われる事件は増えています。全国の地裁で一九九一―九六年の六年間に言い渡された死刑判決は計二十八件だったのに、二〇〇一―〇六年には計八十一件にのぼりました**【注33】**。

死刑は最高裁の判例で、残虐な刑罰を禁じた憲法三六条に違反しないとされています。その適用は①犯罪の性質、②動機、③犯行の態様《たいよう》、④結果の重大さ(とくに殺害した被害者の数)、⑤遺族の被害感情、⑥社会的影響、⑦犯人の年齢、⑧前科、⑨犯行後の情状《じょうじょう》という、九つの基準を総合的に検討したうえ、「刑事責任が極めて重大で、罪と罰の均衡や犯罪予防の観点から、やむを得ない場合」に限られています**【注34】**。

裁判員は死刑を適用するかどうか、これらの基準を検討し、被告の生死をわける決断を迫られます。死刑の是非やあり方を真剣に考える人もいる

【注33】『自由と正義』二〇〇八年五月号の柳重雄弁護士「死刑適用の拡大を考える」。
　アムネスティ・インターナショナルによると、死刑廃止か十年以上執行がない国は百三十カ国以上あり、存続しているのは日本、アメリカ(一部州は廃止)、中国、北朝鮮、イラクなど約六十カ国です。

【注34】この基準は、連続四人射殺事件の永山則夫元死刑囚の上告審判決(一九八三年)で示されたので「永山

でしょう。とても大きな負担となります。

死刑に次ぐ刑罰の無期懲役には仮釈放（二〇〇六年に仮釈放された無期懲役受刑者三人の平均服役期間は約二十五年一カ月）があり、死刑とのあいだに格差がありすぎるとして、仮釈放のない「**終身刑**」の創設をめざす超党派の議員連盟「量刑制度を考える会」が二〇〇八年五月に発足しました。裁判員制度のスタートをにらんだ動きです。

判断がむずかしい自白調書

審理でもっとも判断がむずかしいのは、被告が捜査段階の自白を翻《ひるがえ》し、公判で無罪を主張した場合です。法廷での被告の供述と捜査機関が作成した自白調書のどちらが真実か、裁判員は結論を出さなければなりません。

自白調書などの供述調書は、一人語りの形式が一般的です**【注35】**。裁判官が判断するときは、①内容が具体的で、詳細にわたり、迫真に富んでいる場合に信用できるとし、取り調べ期間内で多少変転していたり、細部に食い違いがあったとしても重要視しない考え方と、②内容に対する直感的な印象ではなく、変転の有無・程度や客観的証拠による裏付けの有無・程度などを検討して評価する考え方があると言われています**【注36】**。

冤罪事件の判決などは、②の考え方にもとづき、供述調書の信用性を否

基準」と呼ばれます。これまで検察側は被告の反省など主観的な事情より、③や④といった客観的な事情を重視するよう求め、裁判所もおおむね被害者の数などを中心に判断してきました。しかし、最近の判決は⑤や⑨を重視し、以前なら無期懲役のケースでも死刑を言い渡す傾向にあります。

【注35】日弁連の資料「取調べ可視化（録画・録音）の実現に向けて——可視化反対論を批判する」（二〇〇四年十一月）から、容疑者の供述調書の一部を引用します。

〈AとBの姿を見たとたん「出てきた、どうしよう」と思ってしまったのです。それまでは共犯者甲から、AやBを殺すことを命令され、その

定するケースが多くありますが、①の考え方で、法廷での供述より捜査段階の供述を信用し、有罪を言い渡す判決は少なくありません。

　被告が公判で「無実なのに、自白を強制された」と主張した場合、裁判員のなかには、取り調べ室という密室で、警察官や検察官らと一人で長期間対峙《たいじ》する容疑者を想像したり、テレビドラマに出てきた捜査員による自白強要のシーンなどを思い浮かべたりして、自白調書の内容が詳細であればあるほど、うそっぽく感じる人も少なくないでしょう。

　裁判員の判断については、検察内部に「供述調書が不自然に理路整然とした内容だと、むしろ信用性に疑問を生じかねない場合がある」、「概《がい》してみずからの面前でなされる証言や被告人供述の印象が鮮明であるため、捜査段階での供述が軽視されかねない」と心配する意見があります。

取り調べの録画が有効

　自白調書の扱いについて、最高裁司法研修所が裁判官五人に委嘱《いしょく》した「裁判員制度の下における大型否認事件の審理の在り方」と題する研究の報告書**【注37】**は、次のように指摘しています。

　「決定的な証拠が自白調書しかないケースがあり、その任意性が争われるが、被告人と取調官の言い分が水掛け論になりがちで、審理が長期化す

つもりでしたが、いざ殺す相手の姿を目のあたりにすると、自分が今からしようとしている人を撃ち殺すということがこわく思えてきたのです。しかし、いくら待っても当然甲が、私のところに来てくれるはずはありませんでした。私に対し「そばにいるやつも一緒に殺してしまえ」などと言った時の甲の顔付きを思い出し、「このまま俺がおじけ付いて、AやBを撃ち殺すことができなければ、後でどうなるかわからない」という甲に対する得体の知れない恐怖心で、胸が一杯になったのです。それであれこれ考えた結果、この気持ちから逃れるには「やっぱり、AとBをここで殺すしかない」と思ったのです〉

【注36】木谷教授の前掲書『刑事裁判の心――事実認定適正化の方策〔新版〕』参照。

【注37】被告が起訴事実を否認し、判決までに十五－三十八回の審理を要した五つの事件を研究対象にして、裁判員裁判の審理のあり方を検討。

る傾向があった。このような審理方式を維持することはできない。任意性の判断自体は裁判官が行うが、取り調べが適正かどうかは（裁判員とともに判断する）自白の信用性とも密接に関係するから、取り調べ状況に関する証拠調べには裁判員も立ち会う。裁判官としての捜査の実情に関する理解を前提とすれば、任意性を肯定できなくはないケースでも、裁判員の多くが取り調べに問題があると判断すれば否定されることもあろう」

また報告書は「供述調書などを読み込まなければ判断できない証拠調べは取りえない」などとして、捜査機関が取り調べの様子を録音・録画しておくことが、裁判員の判断を助けるための有力な選択肢と指摘しました。

録画は全過程か一部か

取り調べの録音・録画は、日弁連によると、イギリス、フランス（少年事件だけ）、イタリア、オーストラリア、香港などで実施され、取り調べに弁護人が立ち会うアメリカでも一部の州で導入されています。

日弁連は二〇〇三年から、裁判員制度と同時に取り調べの全過程を録音・録画する制度を導入するよう求めてきました。日弁連は取り調べの状況が見えるようになるという意味で、全過程の録音・録画を「**可視化**《かしか》」と呼んでいます。

審理の見直しや取り調べの録音・録画が実現すれば、研究対象の事件の公判は四－十二回に短縮できるとしています。

検察と警察は「容疑者と信頼関係を築いた上で極めて詳細な取り調べを行っている。録音・録画を義務付けた場合、それが困難になり、容疑者に供述をためらわせ、事件の真相を十分解明し得なくなるおそれがある。ひいては治安の根幹にかかわる」【注38】などとして、可視化には反対してきました。

しかし、検察は「自白調書の任意性について、裁判員にも分かりやすく、迅速、的確に立証する方策検討の一環」として、二〇〇六年八月以降、東京地検などで裁判員裁判対象事件の取り調べの一部を録音・録画し、DVDに収録する試行(試み)を始めました。

収録しているのは、検察官の質問に容疑者がすでに自白した内容や自白した理由などを説明している場面や、容疑者が自白調書の内容を確認し、署名・押印《おういん》している場面などで、自白した瞬間やその前後は収録されていません。公判で弁護側が自白の任意性、信用性を否定し「DVDに収録された場面は検察官に強要されたものだ」と主張することもあり得ます。

その場合、裁判員は、やはりむずかしい判断を迫られます。

検察が取り調べの全過程を録音・録画したうえで、まず試行している収録部分を証拠として裁判に提出し、それでも弁護側が任意性を争ったときは、自白した場面やその前後を見せるといったところまで踏み切れるかど

【注38】植田至紀衆議院議員の質問主意書に対する二〇〇三年一月二十八日付政府答弁書。

うかが課題となっています【注39】。

ばらつく判決

裁判員裁判では、判決がばらつくのではないかという指摘があります。実際に、I章の想定事件とほぼ同じケースを題材にして、札幌、青森、盛岡、東京、京都、大阪、高松、鹿児島の八地裁が模擬裁判を実施したところ、判決は無罪とした地裁があったほか、有罪の場合でも懲役十四年から六年のあいだにわかれました。

これらの模擬裁判は被告が無罪を主張した事件ですが、起訴事実を認めた被告の場合、量刑の判断が中心になります。

従来は検察側の求刑に対して、弁護側は弁論で、くんでもらいたい情《じょう》状《じょう》を主張し、寛大な判決を求めてきました。しかし、裁判員裁判では、弁護側も被告にふさわしい刑を述べるケースが多くなりそうです。裁判員は論告と弁論のどちらに説得力があるかを判断することになります。

評議では、I章で述べたように、類似事件の過去の量刑をまとめた資料が裁判員に提供される見通しです。ベテランの刑事裁判官は「判決のばらつきは出るだろうが、それは許されると思う。いままでの裁判官だけの裁判でも、判決にはばらつきはあり、それを修正するのが（地裁、高裁、最高

【注39】先の日本世論調査会の全国調査では、「検察庁による容疑者の取り調べを録音・録画する試みが始まっています。取り調べの録音・録画について、どう考えますか」という質問もあり、「進めるべきだ」と「ある程度進めるべきだ」と答えた人は計八五%にのぼっています。

裁の）三審制だった。それに裁判員裁判では、国民の意見を入れようというのだから、ばらつきを裁判官が修正したら何のための制度かということになってしまう」と話しています**【注40】**。

誤った判決が増える？

裁判員裁判になると、誤った判決（**誤判**《ごはん》）が多くなると指摘する人がいます。たとえば、元裁判官の西野喜一新潟大学教授（司法過程論、民事法）は「いままで平均十回かかっていた公判を仮に三回で終えるとしたら、それはとんでもない手抜き審理ということですが、そういう粗雑な審理では誤判、冤罪は一層増えるでしょう」と述べています**【注41】**。

誤判や冤罪は、裁判官だけの従来の裁判でも少なからずありました。八二ページで紹介した「真犯人は絶対に見逃さない。そのためには、無実の者がときに犠牲になってもやむを得ない」という考え方にもとづけば、冤罪は〝必要悪〟ということになります。

しかし、裁判員には「疑わしきは被告人の利益に」という刑事裁判の鉄則にしたがい、「真犯人を一部取り逃がすことになっても無実の者を処罰しない」と考える人のほうが圧倒的に多いのではないでしょうか。

ところで、陪審制度については、最高裁が司法制度改革審議会で「陪審

【注40】量刑の判断については、たとえば、殺人罪なら「死刑または無期もしくは五年以上の懲役」というように、刑の幅が広く定められていることに疑問を呈する意見もあります。計画的かどうか、動機はもっぱら金銭だけかどうかなどで、殺人罪を数通りにわけて刑を定めれば、裁判員は判断しやすいという指摘です。

【注41】著書『裁判員制度の正体』（講談社現代新書）。

員の判断は不安定であり、かなり高い比率で誤判が生じていると考えられており、これを裏付ける多くの研究結果がある」と述べました【注42】。

カリフォルニア大学サンタクルーズ校の福来寛准教授(現教授)は〈一九〇〇年から八五年までに三百五十件の誤判があり、二十三人が処刑されたとの調査結果があるが、警察と検察による自白強要、無罪証拠の隠ぺいなどが原因〉と指摘しています【注43】。

市民と距離を置く裁判官

裁判員にとっては、いっしょに評議をする裁判官、法廷で話を聞く検察官や弁護人が〝違う世界〟にいると感じる人たちばかりだったら、裁判に参加している時間を苦痛に感じるかもしれません。法曹は裁判員と同じ社会人としての資質が問われ、人間としての魅力が求められています。

司法制度改革に関する自民党の会合で、ある裁判官は「裁判官は世間知らずという批判をどう考えるか」と問われ、「私たちだって赤ちょうちんには行きます」と答えたので、まわりにいた人は「居酒屋に行くだけで世間を知っているつもりか」と苦笑してしまったそうです。

裁判官はまじめで、勤勉な人がほとんどです。それが「世間知らず」といわれるようになったのは、自民党と最高裁が原因でした。

【注42】二〇〇〇年九月一日の司法制度改革審議会第三十回会議。

【注43】『法学セミナー』五五〇号(二〇〇〇年十月)の「陪審裁判を考える(下)」。

一九五〇年代末から七〇年代前半にかけて、日米安保条約や自衛隊、デモを規制する公安条例、教科書検定などを違憲・違法と判断する地裁判決が相次ぎました（順に砂川事件、長沼ナイキ訴訟、東京都公安条例事件、家永教科書裁判など）。自民党は〝偏向〟と批判し、担当裁判官のなかに会員がいた**青年法律家協会（青法協）**【注44】を激しく攻撃しました。

最高裁は「高度の政治性をもった国の行為は司法審査になじまない」という「**統治行為論**」を示し、日米安保条約の違憲判断を覆《くつがえ》すなどする一方、一九七一年に青法協会員の宮本康昭熊本地裁判事補（現弁護士）の判事としての再任を拒み、同年以降、青法協会員の司法修習生の裁判官任官も拒否し〝自主規制〟しました。違憲立法審査権を放棄するかのような統治行為論と青法協会員に対する〝ブルーパージ〟は、裁判官から気概《きがい》を奪い、市民社会と距離を置く習性を生んだと指摘されています【注45】。

一九九八年には、寺西和史判事補（現判事）が組織犯罪対策法案の反対集会で「（当時所属する）仙台地裁所長から警告を受け、パネリストとして発言できない」と話したことから、戒告処分を受けました。この分限裁判（六三ページ参照）で、最高裁は「裁判官は一般の国家公務員より強く政治運動の禁止が求められ、表現の自由への一定の制約は合理的、必要な限度で許される」という判断を示しています【注46】。

【注44】一九五四年四月、憲法を擁護し平和と民主主義を守ろうと、若手の法律研究者や弁護士、裁判官らによって設立された団体。現在は弁護士学者合同部会（会員約二千五百人）と司法修習生の部会がある。神奈川支部のＨＰ（http://www.shk-kanagawa.net/）による。

【注45】判事、判事補の任期は十年で、満了時に再任されないと辞めなければなりません。

一九六九年には、自衛隊の合憲・違憲が争われた長沼ナイキ訴訟を担当していた札幌地裁の判事のもとに、所長から国側が勝訴する法解釈などを記した手紙が届きました。憲法が定める裁判官の独立を揺るがす大事

日本とドイツの裁判官を比較した『日独裁判官物語』（一九九九年）という記録映画があります。ドイツの裁判官は仕事を離れた時間に高校で法学を教えたり、反核運動のデモに参加したりしているのに対し、日本の裁判官は官舎でめだたないように暮らしている様子が描かれています。

映画のなかで現役裁判官は「八回転勤したが、地域とのつながりは薄い。市民感覚がないと言われても仕方がない」と話しています。

検察官におごり

検察官は容疑者を起訴するかどうか決める大きな権限を持っています。起訴するには「有罪判決が得られる高度の見込み」【注47】が必要とされ、そうでない場合は不起訴とします。

起訴・不起訴の判断などに際して「謙抑的《けんよくてき》」という言葉が語り継《つ》がれています。謙虚に証拠を見て、抑制的に権限を行使するという意味です。

こうした厳格《げんかく》な起訴によって、たとえば、二〇〇六年に全国の地裁で有罪・無罪のいずれかの判決を言い渡された被告は七万三千五百六十三人いますが、無罪は九十二人だけで、有罪率は九九・九％です【注48】。この数字は検察の威信《いしん》を示し、検察官のプライドの源《みなもと》にもなっていますが、有罪の見込みが高くないとして、容疑者が不起訴になった事件・事故の被害者

件となりました。

再任拒否問題やその後の裁判官の様子などは、ジャーナリスト山本裕司さんの『最高裁物語』（上・下巻、講談社＋α文庫）や、漫画『家栽の人』原作者の毛利甚八さんの『裁判官のかたち』（現代人文社）参照。

【注46】寺西さんは一九九七年、朝日新聞への投書で「令状はほとんど検察官、警察官の言いなりに発付されている」と指摘し、注意処分を受けています。著書『愉快な裁判官』（河出書房新社）では〈上ばかり見ている〝ヒラメ裁判官〟はそんなにいないが、あえて最高裁からにらまれたくないという人は多いかもしれない。また、年収千五百万円を超える世代になると、昇給に年間五百万円以上の差が出るので、気にする人はいる〉と述べています。

ある裁判所の幹部によると、法曹のなかから裁判官を選んだのは、独立して仕事ができることと給料が高いことが大きな理由だそうです。

【注47】最高裁司法研修所検察官室編

からみると、釈然としない気持ちです。そのうえ、検察が十分な説明をしなければ、被害者は怒るでしょう。

一九九七年十一月二十八日朝、東京都世田谷区の都道交差点で、近くに住む当時小学二年の片山隼君が大型トラックにはねられ、亡くなりました。トラックは逃走しましたが、警視庁は現場から約二キロ先でトラックを見つけ、運転手を業務上過失致死容疑で逮捕しました。隼君の両親がそれから一カ月以上経って、東京地検で運転手がどうなったか聞いたところ、係官から事故の約十日後に運転手は釈放され、さらに十日後には不起訴処分となったことを伝えられました。両親は不起訴の理由をたずねましたが、係官は「答える義務はありません」の一点張りで、不服があるなら検察審査会のパンフレットを両親に渡しました。

この東京地検の遺族への配慮を欠いた、思い上がったような対応は国会でも取り上げられ、法務大臣が謝罪しました。さらに、検察は事件・事故の容疑者の起訴・不起訴などを被害者やその遺族に伝える「被害者等通知制度」を設け、隼君事件はオウム真理教事件などとともに、捜査当局の被害者対応が飛躍的に改善される契機となりました（一二三ページ参照）。

しかし、Ⅱ章で述べた福岡地検次席検事の問題は、隼君事件から三年もたたないうちに起こりました**【注49】**。また、当時の検察幹部のなかには

『検察講義案 平成十八年版』法曹会。

【注48】最高裁事務総局編『司法統計年報 刑事編 平成十八年』法曹会。
　裁判員裁判では「有罪率は九〇%台前半になるのではないか」と予想する裁判官もいます。

【注49】福岡地検次席検事の問題当時、

「政権だって僕らは倒せるんだ」と豪語する人もいました。

責任問われぬ弁護人

富山県氷見市で二〇〇二年に起きた強姦事件などで、タクシー運転手の柳原浩さんが有罪とされ、約二年服役して出所後、別の男性が事件への関与を自白したことから、無実が判明した「**氷見《ひみ》事件**」。県警による強引な取り調べや裏付け捜査の甘さなどが指摘されていますが、弁護士は当時、何をやっていたのでしょうか。

柳原さんのもとには、逮捕二日後に当番弁護士が派遣されました。当番弁護士が接見した際、柳原さんは逮捕容疑を否認したので、当番弁護士は「やっていないことを認めてはいけない。公判でひっくり返すのは困難だ」とアドバイスしました。

起訴後、その弁護士は国選弁護人となりましたが、約一カ月にわたって接見に行かず、第一回公判の八日前に接見すると、柳原さんは起訴事実を認めていました。否認から自白に転じた経過を確認しないまま、接見は五—六分でした。弁護側が争わない公判は約四カ月半で終わり、その後、柳原さんの実刑が確定しました**【注50】**。

刑事弁護を多く手がける弁護士は「有罪率九九・九%なので、仮に無罪

法務省官房長として司法制度改革審議会で「検察官のおごり」に反省の念を表明した但木敬一氏は、検察トップの検事総長となり「プロには避けがたい限界がある。常に国民の視点、視座を意識して仕事をやらなければならない。そういう責務を意識させる意味でも、裁判員制度は極めて画期的な意義がある」と述べています。

前述の「法の日」の記者会見に島田最高裁長官らと出席した際の発言。

【注50】日弁連が二〇〇八年一月三十日に公表した氷見事件の調査報告書

なのに有罪となっても、被告人に不利な判決になっても、弁護人が責任を問われるケースは少ない。だから手抜きが横行し、供述調書も満足に読まない人がいる。民事訴訟は負けたら依頼者が金を支払わなければならず、弁護士は必死になる。刑事弁護とまったく違う」と指摘しています。

刑事弁護は裁判員裁判の大きな課題です。ただ、弁護士の仕事の中心は民事の依頼で、刑事弁護で生活している弁護士はまずいません。お金に困って事件を起こす人が圧倒的に多く、みずから依頼した弁護人に十分な報酬を支払える容疑者・被告は汚職や企業犯罪などに限られています【注51】。

このため、年間三千件にのぼるであろう裁判員裁判の多くは国選弁護人が担当することになります。しかし、国選弁護人を務めるために必要な**日本司法支援センター（法テラス）**との契約をしている弁護士は、二〇〇七年四月一日現在約一万人で、全体の四〇％あまりにとどまっています【注52】。

裁判員裁判では、公判前整理手続きで弁護側の主張を明らかにしなければならず、被告と十分打ち合わせる必要があります。公判は連日的開廷で続き、弁護人はかなりの時間を取られますが、一方で収入源の民事の仕事もしなければなりません。

さらに、弁護士は東京と大阪に六〇％以上が集中し、愛知、神奈川、福岡、兵庫を加えると、七五％を超えます（二〇〇六年）。大都市に偏《かたよ》ってい

参照。報告書は自白に転じた経緯を確認するなど、被告の真意を探る努力が必要だったとし「有罪前提の活動をした弁護人には真摯な反省が求められる」と指摘しています。

【注51】汚職や企業犯罪では、元検察幹部の「**ヤメ検**」が弁護人を務めることがあります。検察のやり方を知り抜き、場合によっては検察と交渉できると依頼者は考えているようですが、想定したようにならないケースも多くあります。

【注52】法テラスは独立行政法人で、二〇〇六年十月から国選弁護に関する業務を委託され、裁判所は法テラスと契約している弁護士のなかから国選弁護人を選任しています。裁判員裁判の被告国選弁護人の基礎報酬は十万円。公判前整理手続きや公判への出席回数などに応じて加算され、

るため、「**ゼロワン地域**」といって、地裁の支部管内に弁護士が一人もいないか、一人しかいない地域は二〇〇八年四月現在、全国に計二十四カ所もあります**【注53】**。弁護人の確保に不安な声があがっています。

中坊公平元日弁連会長は委員を務めた司法制度改革審議会で、弁護士には、①依頼者の権利・利益を擁護する顔(当事者性)、②公《おおやけ》の利益にかかわる活動をする顔(公益性)、③生活のために事業を営む顔(事業者性)の三つの顔があると説明しました。

そのうえで「気楽に当事者性と事業者性だけを中心に置く考え方には反対です。当事者性、公益性をともに追求するものとして、弁護士の職務そのものを根本的に考えていかなければならない」と述べました**【注54】**。

まさに裁判員裁判では、当事者性と公益性が求められています。

憲法違反、何点も

問題点、課題の最後に裁判員制度への反対論を紹介します。①憲法違反、②被告の権利侵害、③裁判員の能力と負担、という三つの立場からの意見に大きくわけられ、それぞれ説得力があります。

まず①の立場から、元裁判官の西野喜一新潟大学教授は、次の点などを違憲と主張しています**【注55】**。

無罪の場合は倍額となります。

二〇〇六年に弁護士約四千六百人が回答した日弁連の調査結果によると、平均時給は約一万三千三百円で、国選弁護人をやらない弁護士の平均時給は約一万五千六百円です。

【注53】日弁連のHP(http://www.nichibenren.or.jp/ja/committee/depopulation/kaso.html)参照。

【注54】二〇〇〇年二月二十二日の司法制度改革審議会第十三回会議の議事録参照。

前述の「法の日」の記者会見で、日弁連の平山正剛会長(当時)は「弁護士会は最も早くからこの制度の導入を主張してきたが、準備が遅れているかなという気がしている。弁護士が足りないから、弁護士が力不足だから、裁判員制度はだめだったんだということのないよう、全力投球する」と述べています。

▽憲法は参審制度に関する条文がなく、裁判員制度を許していない
▽憲法は裁判官の身分保障を定めるなど、裁判官で構成する裁判所しか想定しておらず、被告は「裁判所において裁判を受ける権利」（三二条）を奪われる
▽憲法は被告に「公平な裁判所の裁判を受ける権利」（三七条）を保障しているが、裁判官以外が加わった裁判所は「公平な裁判所」ではない
▽国民に大きな負担、制約を負わせるのは、国民の幸福追求権（一三条）や苦役からの自由（一八条）を定めた憲法に違反する

　違憲か合憲かは、裁判員裁判が始まり、有罪となった被告・弁護側が「裁判員制度は違憲」として、控訴、上告した場合、最終的に**最高裁大法廷**が判断することになりそうです**【注56】**。

「**被告のことを考えていない**」「**管理統制司法に**」

　②の意見として、オウム真理教の松本智津夫死刑囚の元弁護人で、現在は山口県光市の母子殺害事件などの弁護人を務める安田好弘弁護士（第二東京弁護士会）は「真実の発見には時間、コスト、労力をかけた公正な裁判が必要なのに、三、四日で審理が終わる白か黒かの争いにされてしまう。死刑の判断はグレーの部分を見なければできない。被告人のことをまった

【注55】『判例時報』一八七四号（二〇〇四年一月）の「日本国憲法と裁判員制度（上）」から要約して引用。

【注56】司法制度改革審議会のヒアリングに対する最高裁の意見（五四ページ）参照。
　最高裁大法廷は長官と判事十四人全員で構成し、法律が合憲か違憲かの最終判断や判例変更などを担当します。裁判官のなかには「裁判員法が大法廷で必ず合憲と判断されるとは限らない」と話す人もいます。

く考えずに導入された制度だ」と語っています。

また、裁判員制度が提言されたとき、まだ想定されていなかった被害者参加制度が加わることで「検察官が無期懲役を求刑しても、被害者は死刑を求める。被告人は黙り込むしかなく、被告人に有利な情状を証言する人はこわがって出廷できないだろう」と予想しています。

小田中聡樹東北大学名誉教授（刑事法）も「迅速に、負担をかけずに、わかりやすい裁判を行う」というスローガンのもとに、公判は形式化し、弁護活動が制限され、判決書に裁判員の名前が残らない匿名《とくめい》裁判となるとし、「管理《かんり》統制《とうせい》司法《しほう》」が実現すると危惧《きぐ》しています**【注57】**。

「裁判員制度は、規制緩和という収奪と格差の政策を推し進め、遠い他国の地を自衛隊員の軍靴で踏ませ、改憲をタイムテーブルに載せた宰相《さいしょう》が『国家戦略』と宣言した『司法制度改革』の主柱《しゅちゅう》」と高山俊吉弁護士（東京弁護士会）。二〇〇八年二月の日弁連会長選挙で落選したものの、四割を超える票を集め、反対運動の先頭に立っています**【注58】**。

「もちはもち屋」、「一種の徴兵制」

③の立場では、元最高裁判事の団藤重光東京大学名誉教授が「何の知識もない者が、法廷でものを言えるわけがない。『もちはもち屋』でちゃん

【注57】『裁判員制度でえん罪はなくなるのでしょうか』（日本国民救援会宮城県本部）。

【注58】著書『裁判員制度はいらない』（講談社）。高山弁護士らが呼びかけ人の市民団体「裁判員制度はいらない！大運動」（http://no-saiban-in.org/）があります。

また、新潟県弁護士会は二〇〇八

と裁判官が裁判しないといけない」、「市民の司法参加そのものは、大賛成なんだけど、民衆と絶縁してるでしょう」などと語っています【注59】。

元裁判官の井上薫弁護士も「裁判員に被告人の権利をわかってもらうだけでも大変です。事実認定といっても、直接証拠、間接証拠、補助事実等の概念すら知らない裁判員が、ただの第六感を頼りに、どんなふうに心証を決めるのかわかりません」と能力に疑問を呈しています【注60】。

ジャーナリストの斎藤貴男さんは、次のようにみています。

「これまで無実なのに有罪とされた場合『権力による人権侵害だ。司法権力は許せない』と言えた。しかし市民も参加した裁判員裁判の結論だったら、市民社会すべてに否定されたことになってしまう。これはリンチ。最も許せないところはそこだ。裁判員制度は一種の徴兵制だ。公共のため、市民の義務として個人生活を犠牲にすることを強いられる」【注61】

女優で劇作家の渡辺えり(旧えり子)さんは「素人は正しくても冷たい基準で判断するのは得手《えて》ではない。そこで、言い方がおかしいけれど、『人間じゃないような判断ができる』裁判官に任せているんだと思います。(中略)みんな裁判員になるのをいやがっているのは、裁判を軽視しているからじゃなく、裁判は重要なことだと思うからこそ自分たちがやるべきではないと考える」と書いています【注62】。

年二月、裁判員裁判実施の延期に関する決議をしました。その理由として、①国民的理解、支持の不十分さ、②死刑判決に関与する負担、③誤判や冤罪の危険、④重罰化への懸念などを挙げています。HP(http://www.niigata-bengo.or.jp/info/resolution/index.shtml)参照。

【注59】作曲家の伊藤乾東京大学大学院准教授との対談『反骨のコツ』(朝日新書)。

【注60】著書『つぶせ！　裁判員制度』(新潮新書)。

【注61】二〇〇八年一月十五日付山陰中央新報朝刊など(共同通信配信記事「裁判員司法――制度異議あり」)。

【注62】前掲の『裁判員制度はいらな

「法の女神から目隠し取る」、「ムードで決める」

　歌手のさだまさしさんは「付和雷同《ふわらいどう》、ミーハー、不人情……。（中略）信号一つきちんと守れない人や、われ先に電車やエレベーターに乗ろうとする人たちの判断を誰が信用するのでしょう。（中略）秤《はかり》を高く掲げる法の女《め》神《がみ》は目隠しをしていると聞きました。『情《じょう》』に流され判断を誤らないように真実の重さだけを冷静に量《はか》るためだそうです。裁判員制度は女神から目隠しを取るようなものだ」と危険性を説明します【注63】。

「日本人は〝多数派〟がどう言っているかをものすごく気にする。批判力が学校教育で奪われているのが原因だが、〝多数派〟と一口に言っても、実は固定していない。結局ムードで決める。ではムードとは何か。それを週刊誌とテレビに決めてもらっている。裁判員はテレビや週刊誌のいいかげんな内容に引っ張られるのではないか」

　精神科医の野田正彰関西学院大学教授は、裁判員制度に強い危惧《きぐ》を抱いています【注64】。

い』への特別寄稿。

【注63】前注と同じ。

【注64】二〇〇八年四月二十七日付静岡新聞朝刊などの「裁判員司法——日本人との相性」（共同通信配信記事）。

Ⅳ　どのような影響があるのか

裁判員制度の導入によって、司法はどのように変わるのか。また、市民の意識や政治などに変化をうながすのか。この章では、裁判員制度の影響を考えてみます。

陪審員、選挙も積極的に

「自分が陪審員を務めるまでは、負担を感じる人が多いが、一度経験すると、司法制度に非常に好感を持つようになる。また陪審員の経験者はその後、選挙にも積極的に行くようになる」。前に紹介したコーネル大学法科大学院のバレリー・ハンズ教授はアメリカ陪審制度の市民への影響について、このように話しました【注1】。司法への参加によって、主権者としての社会参加意識は高まることを示しています。

十九世紀にアメリカを視察したフランスの歴史家アレクシス・ド・トクヴィルは、名著とされる『アメリカの民主政治』のなかで、「陪審を司法制度として考察するだけでは、その思考を著しく狭めることであろう。な

【注1】二〇〇七年十二月十七日付山形新聞朝刊など（共同通信配信記事）。

ぜかというと陪審は、（中略）重大な影響を社会自体の運命に及ぼすからである。それゆえに、陪審は何よりも先ず第一に政治制度なのである」と書いています。司法制度を超えた側面として「陪審制度は社会の事実上の指導を、支配者の手においているのではなく、被支配者の手においている」、「人々に公平無私を実行するように教える」と指摘しています**【注2】**。

市民参加「良かった」九八％

　現在数少ない司法への市民参加の機会である検察審査会で審査員を務めた人は、どう考えているのでしょうか。検察審査協会のホームページには「初対面のメンバーでは自由活発な意見交換は困難と思ったが、そうではなく、密度の濃い審査会が行われた」、「（任期の）半年はまたたく間に過ぎた。学んだことは多かった」などの感想が掲載されています。

　また、日弁連が二〇〇〇年に元審査員を対象にアンケート（二千三百十五人回答）を実施した際、審査員の経験について「良かった」と考える人は九八％にのぼっています。

旧陪審制度は政党政治の必然

　一九二八年から四三年まで日本で実施された**旧陪審制度【注3】**も、政治

【注2】井伊玄太郎訳『アメリカの民主政治（中）』（講談社学術文庫）。
　陪審制度の政治制度的な側面を示すものとして、十九世紀イギリスの哲学・経済学者ジョン・スチュアート・ミルは「古代ギリシャにも陪審に似た制度があり、市民の水準を高く引き上げた。陪審制は公共精神の学校である。陪審による司法参加は代表者を通じてよりも、直接に自ら行為する方がよいという、政治における数少ない事例の一つ」と述べています。二〇〇一年一月九日の司法制度改革審議会第四十三回会議で三谷太一郎名誉教授が紹介。議事録参照。

【注3】旧陪審制度は最高刑が死刑か

制度的な側面が強かったと言われています。

三谷太一郎東京大学名誉教授(日本政治外交史)によると、陪審制度導入に主導的な役割を果たしたのは、一九一〇年代から二〇年代初頭の大正デモクラシー期に有力政党だった立憲政友会のリーダー原敬《たかし》でした。

原は一九〇九年の日糖事件(砂糖輸入税の一部を企業に還元する時限立法の期間延長をめぐり、大日本製糖という会社が贈賄を企てたとされる事件)で、立憲政友会の議員から「検察に過酷な取り調べを受けた」と報告を受け、検察を軍部とともに「政治的脅威」と認識しました。

また、翌年の**大逆事件【注4】**で弁護人から裁判の状況を聞き、証人調べなしの事実認定に強い懸念《けねん》を抱きました。原はこの年の日記に、陪審制度の導入は「真に国民の幸いなるべし」と書き残しています。一九一八年に首相となり、陪審制度の立法化を始めます。原は二一年に暗殺されましたが、陪審法は二三年に成立し、裁判員法と同じように五年の準備期間を置いて施行されました。

当時の著名なジャーナリスト長谷川如是閑《にょぜかん》は、主宰する雑誌『我等《われら》』の記事で、陪審制度は検事総長を「専制的帝王」とする「**司法超然主義**」に対する政党の挑戦と位置づけ、「裁判の民衆化の名の下に、裁判の超然的性質を打破しやうとするのである。それは政党政治を採つた国家の必然に

無期懲役・禁固の事件が原則対象で、被告は裁判官だけの裁判も選択できました。陪審員十二人は三十歳以上の男性から無作為に選ばれましたが、一定額の納税などが条件でした。裁判で供述調書が証拠とされることは例外的で、有罪・無罪の評決は過半数による多数決。裁判官が評決を不当と判断した場合、新たな陪審に評議させることができました。戦時体制のなかで停止されるまで、四百八十四件が実施され、うち無罪は八十五件、評決不当による新たな陪審選任は二十四件。なお、現在の裁判所法には「刑事について、別に法律で陪審の制度を設けることを妨げない」と定められています。

司法制度改革審議会の審議資料(http://www.kantei.go.jp/jp/sihouseido/dai17/17betten.html)など参照。

【注4】天皇暗殺計画を理由に、多くの社会主義者や無政府主義者が大逆罪(天皇、皇后、皇太子らに危害を加える罪、一九四七年に廃止)に問

歩み行くべき道である」と指摘しました【注5】。

裁判員制度に慎重な自民議員も

裁判員法が国会で成立したときの採決結果は、衆議院が全会一致、参議院は賛成百八十、反対二です【注6】。

採決結果を見ると、国会ではもめなかったように見えますが、政府が二〇〇四年三月に裁判員法案を国会に提出する直前、自民党から「人を裁くことは、自分の良心にもとると考える人もいる」(野田毅衆議院議員)、「国民が無作為に選ばれる。法的な予備知識も関係ない。断れば罰せられる。大変な法案だ」(丹羽雄哉衆議院議員)などの慎重論が吹き出しました。この年は参院選があり、有権者に裁判員という新たな義務と負担を課すことは好ましくないと考える人もいたようです【注7】。

このため、政府は後日、みずからの思想・信条から裁判員になりたくないと考える人の辞退について政令(七ページ参照)で定め、配慮することを約束し、ようやく自民党の了承を得ました。

当時の政府高官は「いまでも裁判員制度を快く思っていない自民党議員は少なからずいる」と話しています。

われ、無関係の人もふくめて有罪となり、幸徳秋水ら十二人が死刑となった事件です。

【注5】司法制度改革審議会第四十三回会議の議事録参照。

【注6】参議院で反対したのは、無所属の会の椎名素夫議員と山本正和議員でした。椎名氏は採決後「どういう理念でこの制度を実施しようしているのかわからない」と話していました。二〇〇四年五月二十一日付夕刊用の共同通信配信記事。

【注7】二〇〇四年二月二十七日付の読売新聞朝刊、朝日新聞朝刊。

取り調べの録画が広がる

刑事司法への影響に話を移し、目に見える変化を具体的に説明します。

まず検察による**取り調べの録音・録画の試行**（試み）です（九一ページ参照）。

最高検が二〇〇八年三月に公表した検証結果**【注8】**によると、録音・録画の試行は二〇〇七年十二月までに、殺人や強盗致傷事件など計百七十件で実施されました。容疑者が自白調書の内容を確認し、署名・押印している場面のほか、容疑者が自白内容や自白した理由などを説明している場面などを収録したＤＶＤは、東京地裁の公判で三回、大阪地裁の公判で一回、それぞれ証拠として再生され、大阪地裁は自白の任意性を否定し、東京地裁は自白の任意性などをすべて認めました。

試行を担当した検察官百三十人へのアンケートでは、録音・録画に「高い証拠価値あり」四二％、「ある程度の証拠価値あり」五四％という回答が寄せられ、録音・録画によって容疑者の供述態度は「変化なし」が八三％、供述内容も「変化なし」が九三％。また、試行に対する評価も「積極的に活用すべきだ」一八％、「裁判員のことを考慮すると、やむを得ない」七一％という回答だったため、最高検は二〇〇八年四月から、裁判員裁判を実施する全国の地裁六十カ所（支部ふくむ）に対応する全地検（支部ふくむ）に試行を拡大しました。

【注8】最高検のＨＰ（http://www.kensatsu.go.jp/）参照。

大阪地裁が自白の任意性を否定したケースは、八十八歳の男性が起訴された殺人未遂事件で、「被告は高齢で耳が不自由で、理解力が低いのに、検察官は十分な配慮をせず、自分の描いたストーリーに沿うよう（供述内容を）誘導した疑いをぬぐえない」と判断されました。大阪地裁では、別の殺人事件の被告の供述調書について「（任意であることを示す）録画などの客観証拠がない」として検察側の証拠請求を却下《きゃっか》したケースもあります。

最高検は検証結果で、日弁連などが求める取り調べ全過程の録音・録画（可視化）について「自白に基づいて死体や凶器が発見されるなどしなければ、逮捕が困難な事件で、進んで自白するような性格ではない被疑者から真実の供述を得ることが困難となり、処罰すべき犯人を検挙できず、真相解明が困難となる」などと指摘し、録音・録画を試行の範囲にとどめる方針を示しています。

取り調べの適正化、接見への配慮も

また最高検は二〇〇八年四月、「検察における**取り調べ適正確保方策**」を公表し、取り調べ中に容疑者が弁護人と接見したいと申し出た場合、ただちに連絡することや、弁護人が容疑者との接見を求めた場合、遅くとも直近の食事か休憩時に機会を設けることを表明しました。接見をめぐって長年争われてきたこと（八四ページ参照）を考えると、隔世《かくせい》の感があります。

取り調べの時間などについても、最高検は「刑事施設などで定められている時間帯に就寝、食事、運動、入浴ができるよう努める」、「やむを得ない理由がある場合のほか、深夜に、または長時間にわたり取り調べを行うことを避ける」、「取り調べでは、少なくとも四時間ごとに休憩を与えるよう努める」としました。

容疑者側から取り調べに対して不満が出た場合、担当検察官の上司が調査し、その結果を容疑者側に説明する仕組みも設けるとしています。

害虫駆除会社「キャッツ」の粉飾決算事件で起訴された細野祐二公認会計士や、鈴木宗男衆議院議員をめぐる一連の事件で逮捕された外務省の佐藤優元主任分析官らは、出版した本のなかで、検察官の取り調べが長時間におよぶことや検察官のストーリーにあう供述をくりかえし強要されたこと、人格を否定する発言を浴びせられたことなどをくわしく書いています【注9】。

問答式の供述調書へ

最高検の「適正確保方策」は、さらに「供述調書は必要に応じて、**問答式**で作成する」との方針を示しています。Ⅲ章で見たように、供述調書は

【注9】細野会計士の著書は『公認会計士vs.特捜検察』（日経ＢＰ社）。佐藤元分析官の著書は『国家の罠』（新潮社）。

容疑者の一人語りの形式が一般的で、法廷で被告・弁護側が「こんなことは言っていない」、「検察官の作文だ」などと主張して、その任意性や信用性を争うケースも多くあり、裁判の長期化を招いてきました。

当面は供述の信用性に疑いがあるような場合に問答式を採用する方針ですが、一人語りの形式よりも客観的でわかりやすいので、問答式は増えていくとみられます。

最高検の集計によると、全国の地裁で判決が言い渡された裁判員裁判の対象事件で、検察側が証拠採用を求めた被告の供述調書の任意性が争われ、裁判所が検察側の請求を却下(一部却下をふくむ)したケースは、二〇〇五年三件、二〇〇六年五件、二〇〇七年十件と増加傾向にあります。裁判所は裁判員裁判に向け、これまでより厳格に判断しているのでしょうか。

警察も適正化指針、録画試行へ

一方、警察庁は**氷見事件**と**志布志《しぶし》事件**できびしい批判を浴びたことなどから、最高検に先立って、二〇〇八年一月に「警察捜査における**取り調べ適正化指針**」を発表しました【注10】。

指針は「裁判員裁判制度の下では、警察捜査の結果が直接国民の視点から検証される。捜査手続き、とりわけ取り調べの在り方についても、一層

【注10】志布志事件は二〇〇三年の鹿児島県議選で初当選した同県志布志市の中山信一さんや支援者ら計十三人が起訴された選挙違反(買収)事件。

の適正性の確保が求められている」として、①取り調べを監督する部門を新設する、②容疑者の身体への接触（やむを得ない場合除く）や容疑者をことさら不安にさせたり、困惑させたりする言動などを規則で禁止する、③取り調べが一日八時間（休憩時間など除く）を超える場合や午後十時から午前五時のあいだにおよぶ場合は、警察本部長や署長の承認を受ける、④すべての取り調べ室に透視鏡を設置する、などの点を定めています。

また与党などの要請を受け、二〇〇八年度中に警視庁など規模の大きい警察本部で、検察と同じように、取り調べの録音・録画を始める方針です。

捜査のあり方も課題

刑事裁判では、犯罪の目的や故意《こい》、共謀《きょうぼう》などの主観的な要素を立証しなければなりません。しかも刑の幅が広く、量刑には、動機や計画的な犯行かどうかなども影響することから、容疑者の取り調べでは、一連の犯行経緯を詳細に供述させる必要があると考えられています。

ただ、捜査機関は取り調べの録音・録画を拡大すればするほど、容疑者は供述をためらうと考えているうえ、供述調書は従来よりも裁判で重視されなくなることが予想されます。

裁判員にとっては、証拠が客観的であれば判断しやすく、今後、取り調

二〇〇七年の鹿児島地裁判決は「客観的証拠はなく、自白は県警の強圧的誘導によるもの」などとして全員に無罪を言い渡し、確定しました。中山さんの親族が警部補（減給処分、退職）に家族の名前を書いた紙を踏まされる〝踏み字〟事件も発覚しました。氷見事件は九八ページ参照。

適正化指針は、警察庁のＨＰ(http://www.npa.go.jp/keiji/keiki/torishirabe/tekiseika_shishin.pdf)参照。

べ中心の捜査のあり方そのものが検討課題とされるかもしれません。

これに対し、ある検察幹部は「取り調べ中心の捜査を見直すには、アメリカで採用されている**刑事免責制度**《けいじめんせきせいど》を導入したり、通信傍受やおとり捜査を拡大して証拠を得たりしなければならない」と話しています【注11】。

警察官の備忘録にも開示命令

裁判員裁判の審理を迅速化するために導入された公判前整理手続きは、検察側から弁護側への証拠開示の範囲を大幅に拡大させましたが、検察側が開示を拒んで裁判所の裁定に持ち込まれるケースも少なくないことは、Ⅲ章で述べた通りです。

これに対し、裁判所は証拠をより開示させる方向で判断しています。象徴的な判断は、偽札を使ったとして男性が起訴された事件で、弁護側が自白調書の任意性を争い、取り調べ状況を確認するため、担当した警察官の**備忘録**《びぼうろく》開示を求めたケースです。検察側は「手持ちの証拠のなかに備忘録はなく、仮にあったとしても個人的な手控えで開示対象ではない」として開示を拒《こば》みましたが、最高裁は二〇〇七年十二月の決定で「証拠開示の対象は、必ずしも検察官が現に保管している証拠に限られない。捜査の過程で作成、入手された書面で、公務員が職務上保管し、検察官が容易に

【注11】刑事免責は、犯罪に関与した人の起訴や刑事責任を免除する代わりに、その犯罪に関する供述や証言をさせて、首謀者や共犯者らを処罰する制度。アメリカで採用されている「**司法取引**」の一つです。

一方、警察は①高い確率で個人を識別する**DNA鑑定**、②高速道路や幹線道路を通行する車を赤外線カメラで撮影し、コンピュータでナンバーを照合する「**Nシステム**」、③電源の入った携帯電話が常に発する微弱電波で、所有者がどこにいるかを把握する「**位置情報**」などを多く利用し、より客観的な捜査をめざしていると言われています。

入手できるものを含む」と判断し、備忘録の開示を命じました。

国家公安委員会規則の「犯罪捜査規範」には、公判に証人として出廷する場合に備えたり、将来の捜査の資料として使ったりするため、警察官に備忘録の作成を義務づけています。しかし、この事件で検察側は「備忘録は存在しない」として、結局、開示しませんでした。

これが裁判員裁判だと、裁判員はどのように受け止めるでしょうか。「都合の悪い備忘録を隠したのでは」、「自白が任意になされたことを示すため、本来ならあるはずの備忘録がないのだから、自白は信用できない」などと考える人もいるでしょう【注12】。

保釈率が上昇傾向に

日弁連は公判前整理手続きに向けて弁護方針を定め、また「連日的開廷」という時間のないなかで弁護をつくすためには、被告との十分な意思疎通が必要として、弁護人に従来以上に被告の保釈《ほしゃく》【注13】に向けて努力するよう求めています【注14】。

保釈率（被告のうち、一審判決前に保釈された割合）は一九七二年の五八・四％をピークに、ほぼ一貫して下がり続け、八〇年に三〇％台、八四年に二〇％台、九五年以降は一〇％台に落ち込みました。

【注12】東京都渋谷区の自宅マンションで二〇〇六年、夫を殺害し、遺体を切断したとして、殺人罪などで起訴された被告の公判でも、弁護側は被告の供述調書の一部について任意性を争い、捜査を担当した警察官の備忘録開示を求めました。最高裁は任意性が争われている調書の作成日までの備忘録の開示を命じましたが、検察側はやはり「備忘録はない」として開示しませんでした。ただ、供述調書のほぼすべての証拠請求を取り下げました。

【注13】保証金の納付などを条件に、

起訴事実を否認している被告の場合、裁判所は検察官の「共犯者や関係者に働きかけて証拠隠滅《いんめつ》を図るおそれがある」などの主張を認め、検察側の立証が終わるまで、なかなか保釈を許しません。

弁護人らは「身体の自由と引き換えに、起訴事実を認めるよう迫る『**人質司法**』だ」と批判してきましたが、一方で「どうせ許可されないから」と保釈を請求しないケースが増え、**保釈請求率**（起訴された被告のうち、保釈を請求した割合）は九〇年代に五〇％を大きく割り込み、九九年以降は二〇％台で推移しています。この保釈請求率の低さは、刑事裁判への弁護人のあきらめを示す数字でした。

ところが、保釈率は二〇〇三年に一二・六％と最低を記録した後、裁判員法が成立した二〇〇四年以降は少しずつ上昇に転じ、二〇〇六年は一五・〇％と八年ぶりに一五％台に回復しました。

二〇〇六年四月、ライブドア事件で起訴事実を否認した堀江貴文元社長の保釈をめぐり、検察側は不許可を求めましたが、東京地裁は「公判前整理手続きのため、弁護人と十分に打ち合わせできるよう配慮する必要がある」として許可しました。ただ堀江元社長のように起訴事実を否認している被告の保釈率は二〇〇六年でも六・七％にとどまっています**【注15】**。

勾留中の被告の拘束を解く制度。刑事訴訟法では、重罪に問われた場合や証拠隠滅のおそれがある場合などを除き、被告や弁護人が請求すれば、裁判所は検察官の意見を聴いたうえで許可しなければならないと定められています。

【注14】日弁連の「裁判員裁判における審理のあり方についての提言案（討議資料）」（http://www.nichibenren.or.jp/ja/citizen_judge/saibanin_teigen.html）。

【注15】大阪地裁の松本芳希判事は、これまでの保釈の可否判断について

「基準が厳格すぎて見直しの必要性がある」とし、重罪中心の裁判員裁判対象事件でも強盗致傷罪などでは、保釈を考慮できるケースもあると指摘しています。『ジュリスト』一三一二号（二〇〇六年六月）。

被告の手錠、服装も改善へ

現在の刑事裁判では、勾留《こうりゅう》中の被告は逃走を防ぐためとして、手錠をかけられ、刑務官が端を持つ縄が腰に巻かれた状態で法廷に入ります。走りにくいようにサンダルしか履《は》かせてもらえず、事故防止を理由に、ネクタイも原則として認められていません。

また、逮捕前に黒髪のオールバックだった男性被告が初公判に白髪であらわれ、驚くことがあります。取り調べと長い勾留でそうなったのではなく、毛染めが許されないためです。

有識者でつくる日弁連市民会議は、メンバーの毛利甚八さん（漫画『家栽の人』原作者）が「裁判官や検事、弁護士はきれいなスーツを着て、覚せい剤で捕まったような被告などを見ると、ジャージを着ていて、すごくみじめなかたちで裁かれている。法廷というのが人権と深くかかわっているとすると、おかしいのではないか」と話したことをきっかけに、被告は希望する服装で、理容・美容も受けて裁判に臨めるようにするよう、二〇〇五年四月に提言しました。

この問題はその後、法曹《ほうそう》三者の協議が続いていますが、手錠と腰縄は裁判員の目に触れないよう入廷直前にはずし、被告が勾留されている拘置所側でジャケットやズボン、靴のように見えるサンダル、付けネクタイなどを貸し出す方向で話が進んでいます。さらに、被告はこれまで弁護人の前か裁判官の前の証言台の後ろに座っていましたが、弁護人の隣で検察官と向かい合うかたちで着席することも検討されています。

わかりやすく、緊張した法廷に

Ⅰ章で紹介したように裁判員裁判の法廷には大小のモニターが置かれ、冒頭陳述や論告、弁論などの際、その骨子や見取り図、チャートなどを映し出し、裁判員が見て、聞いてわかる審理をめざすことになっています。

一方、これまでの刑事裁判は、同じ地域の地裁、地検に所属し、顔なじみの裁判官と検察官が担当するケースがほとんどでした。地元弁護士会で刑事弁護を手がける人が限られていたり、司法修習の同期だったりして、弁護人も裁判官や検察官と知り合いで、なじみがないのは被告だけという法廷も多くありました。しかし、裁判員裁判になると、初対面の裁判員が加わります。専門家間のあうんの呼吸など通用しません。裁判員と被告はもちろん、裁判官、検察官、弁護人も緊張する法廷となりそうです。

偽証罪、積極的に摘発

口頭主義の裁判員裁判では、供述調書より公判での証言が優先されますが、事件の関係者がうそを証言したら、裁判員や裁判官は判断を誤るかもしれません。そこで法廷でうそをつくと、**偽証罪**《ぎしょうざい》に問われ、三カ月以上十年以下の懲役刑が科されることを証人に徹底する必要があります。

しかし、実際に偽証罪が摘発《てきはつ》されたケースは、一九九七年から二〇〇二年までは年間数件しかありませんでした**【注16】**。

裁判員制度の導入に向けて、裁判所などから偽証罪の摘発を求める意見が多く出され、最高検は二〇〇六年に「偽証には一層厳格な姿勢で臨む必要があり、積極的に偽証罪の成否について検討を行い、厳正に対処しなければならない」との方針を示しました**【注17】**。

偽証罪の摘発はしだいに増え、二〇〇五年に十二件、二〇〇六年には二十三件となりました。このうち、報酬をもらって文書偽造事件の男性被告の婚約者に成りすまし、情状酌量を求める証言をしたとして、東京地検が女性を起訴したケースでは、男性被告は一審で執行猶予になりました。また、覚せい剤使用事件の被告をかばうため、アリバイを偽証したとして、知人が起訴されたケースでは、被告は一審は無罪でしたが、二審で偽証が認定され、実刑となりました。知人に対しても、東京地裁は「裁判員制度の施行を前に偽証はきびしく批判されるべきだ」として、懲役一年六カ月の実刑を言い渡しています。

【注16】偽証罪は客観的な事実と異なっていても、記憶通りに証言した場合は罪に問えず、捜査がむずかしいとされます。また、これまで共犯者らが捜査段階の供述を翻し、被告に有利な証言をしても、裁判所は捜査段階の供述調書を信用するケースが多かったので、検察側は偽証罪を摘発する必要に迫られていませんでした。

【注17】最高検のHPに掲載されている「裁判員裁判の下における捜査・公判遂行の在り方に関する試案」(http://www.kensatsu.go.jp/os-hirase/001112006033310/saibanin-saiban.pdf)参照。

わかりやすく簡潔な判決に

裁判員裁判の判決は、評議の結果にもとづき、裁判官だけで作成します。刑事訴訟法で、判決には必ず理由を示さなければならないと定められ、これまでの判決には、多岐《たき》にわたる争点に対する判断、有罪の場合は詳細《しょうさい》な量刑の理由などが書き込まれていました。信用性を認めた証言や供述調書の内容などを引用しながら、それらを検討した経緯もくわしく示し、A4判で数十ページにのぼる判決もありました。

これに対し、裁判員裁判では、公判前整理手続きで争点を整理し、証拠を厳選したうえ、公判の日程も決めて審理に入ります。口頭主義を徹底することによって、法廷での供述と証言で基本的に判断することになり、評議は争点を中心に進めるとされています。

そうすると判決も、絞り込まれた争点への判断とその理由、量刑を決めた事情などを簡潔に述べたものになりそうです。そもそも詳細に書き込む時間がありません。また、判決の内容を確認する裁判員に理解しやすいように、わかりやすい表現にしなければならないでしょう【注18】。

差し戻し多くなる?

【注18】司法制度改革推進本部裁判員制度・刑事検討会の委員を務めた池田修東京地裁所長は「判決の報道の際に、しばしば、裁判によっても被

被告・弁護側や検察側が裁判員裁判の一審判決を不服《ふふく》として、高裁に控《こう》訴《そ》した場合、高裁での裁判（控訴審《こうそしん》）はこれまで通り、裁判官三人の合議体が担当します。控訴審は原則として、一審に提出された証拠にもとづいて判決に間違いがないかを判断します。刑事訴訟法は、やむを得ない理由で一審に提出できなかった証拠の採用などを認めていますが、公判前整理手続きが新設され、控訴審で新たな証拠を採用しないケースが多くなっていると言われています。

裁判員法を制定する過程で、控訴審については「裁判員制度導入の趣旨を踏まえて行われるようにする」（与党政策責任者会議司法制度改革プロジェクトチーム）といった意見が多く出されました**【注19】**。市民が参加した評議の結論を裁判官だけで簡単にひっくりかえすと、市民の良識を裁判に反映させ、司法への信頼を向上させるという趣旨が損なわれるということです。

このため、法曹のあいだでは「高裁が一審の無罪を有罪と判断した場合、従来は一審判決を破棄し、有罪を宣告することが多いが、裁判員裁判の開始後は、一審判決を破棄し、地裁に審理を差し戻すケースが多くなるのではないか。一審の有罪を無罪とする場合や刑を重くしたり、軽くしたりするときは、差し戻さず、高裁がみずから判決を言い渡すだろう」とみている人が多くいます。

告人の真の動機や心の奥底の動きが解明されなかったなどと不満を述べる風潮が見受けられた。刑事裁判の目的は、刑罰権を発動すべき事実（犯罪事実）の存否の判定と、発動すべき刑罰の種類と量の決定であり、その目的にとって不要なものの解明まで期待することはできない。裁判員制度の導入で、この点はさらに顕著になると思われる」とみています。著書『解説　裁判員法』（弘文堂）。

【注19】与党政策責任者会議司法制度改革プロジェクトチームの二〇〇四年一月二十六日付意見書「裁判員制度の導入について」（http://www.jimin.jp/jimin/seisaku/2004/pdf/seisaku-002.pdf）参照。

地裁に審理が差し戻されると、新たに裁判員を選び、裁判員裁判をやり直すことになります。

「司法は説明責任を果たす」

最高裁の大谷剛彦事務総長は裁判員制度の導入について「審理はわかりやすいものとなり、集中的におこなわれる。判断には裁判員の意見が反映され、厚みのあるものになる。それによって、司法は国民への**説明責任**を果たすことになる」と述べています【注20】。

司法の「説明責任」という言葉は、裁判員制度の導入を機に、裁判所で盛んに使われるようになりました。一九八九年一月の最高裁判決まで、傍聴人は法廷でメモを取ることさえ許されず、その後も裁判官、検察官、弁護人の三者が専門用語で話し、証拠の供述調書などは要旨が読み上げられるだけで、傍聴人には内容を十分理解することができない裁判が続いてきたことを考えると、大きな変化と言えます。

先に紹介した毛利甚八さんは、青法協会員への〝ブルーパージ〟などが裁判官を市民から遠ざけたとし、「裁判官は市民と語り合う人間としての基本的権利を奪われてきた。裁判員制度によって救われるのではないか」との見方を示しています【注21】。

【注20】前掲の島田最高裁長官らの「法の日」会見で。

【注21】二〇〇八年二月七日に東京都

被害者参加制度、どう影響か

続いて、犯罪被害者やその遺族に与える影響について、被害者支援の高まりなどを踏まえて考えてみましょう【注22】。

被害者や遺族は精神的苦痛に加え、報道被害や「被害者にも落ち度があった」などといった社会の偏見にさらされます。

また、刑事司法が法曹関係者、警察、容疑者・被告らのあいだで専門化、複雑化するなかで、被害者の苦しみやつらさが顧《かえり》みられることは少なく、加害者や裁判などの情報もほとんど提供されませんでした。被害者への経済的な支援も、多数の死傷者が出た一九七四年の三菱重工ビル爆破事件をきっかけに、国による**犯罪被害者等給付金制度**が新設された程度でした。

しかし、未曾有《みぞう》の被害を出した一九九五年の地下鉄サリン事件や検察の遺族へのひどい対応が明らかになった片山隼君事件（九七ページ参照）などを教訓にして、また「全国犯罪被害者の会」などの精力的な活動によって、被害者支援は飛躍的に進みました。

警察庁は一九九六年、被害者側への情報の提供やカウンセリング体制の整備などを定めた「**被害者対策要綱**」をまとめ、捜査状況などを伝える被害者連絡制度を設けました。また全検察庁で、加害者を起訴したかどうか、

内で開かれた新聞労連主催のシンポジウムでの発言。

【注22】犯罪被害者白書によると、二〇〇六年に刑事事件（交通事故の業務上過失致死傷事件など除く）で亡くなった人は千二百八十四人、重傷者三千四十六人、軽傷者三万八千八百三十人。うち殺人、強盗殺人事件の死者は六百七人です。

公判期日、判決内容などを知らせる「**被害者通知制度**」も始まりました。

二〇〇〇年には、被害者や遺族に公判記録の閲覧・コピーを認め、裁判の傍聴に配慮するなどの規定を盛り込んだ**犯罪被害者保護法**と、被害者や遺族に公判での意見陳述権を認めた改正刑事訴訟法が成立。その後も犯罪被害者等給付金の増額、被害者保護を国や地方自治体、国民の責務と定めた**犯罪被害者等基本法**（二〇〇四年十二月成立）などが続きました**【注23】**。

さらに、被害者や遺族らが法廷で検察官の横に着席し、被告に質問したり、量刑意見を述べたりする「**被害者参加制度**」と、刑事裁判のなかで被害者側が被告に損害賠償を請求し、有罪の場合は同じ裁判官が賠償を命じる「**付《ふ》帯《たい》私《し》訴《そ》制度**」を創設した改正刑事訴訟法も二〇〇七年六月に成立し、裁判員制度に先立って二〇〇八年中に施行されます。

被害者参加制度の対象事件は、殺人や傷害致死、危険運転致死など故意の犯罪行為で人を死傷させた罪のほか、強制わいせつや強姦罪などで、大半が裁判員裁判の対象事件と重なります。

なお、被害者参加制度の国会審議で、被害者の質問が裁判員裁判の量刑に大きな影響を与えかねないという意見が出たことなどから、与党は政府の法案を修正し、施行後三年をめどに見直しを検討する条項を加えました。

【注23】基本法にもとづいて、二〇〇五年十二月に閣議決定された犯罪被害者等基本計画で、導入や検討が決まった支援策は二百五十八項目にのぼり、公営住宅への優先入居や、被害者支援団体への助成、心的外傷後ストレス障害（ＰＴＳＤ）の治療法研究などが順次実施に移されました。

また基本法と同時に成立した改正刑法などは約百年ぶりの大幅見直しとなり、有期懲役の上限を二十年から三十年に引き上げるなどの厳罰化が図られました。殺人罪は「死刑または無期もしくは三年以上の懲役」から「死刑または無期もしくは五年以上の懲役」となり、時効も十五年から二十五年になりました。

被害感情より犯罪事実を重視か

裁判員は被害者の意見陳述などを、どのように受け止めるのでしょうか。各地裁の模擬裁判では、裁判員役から「刑は被告が何をしたかによって決められるべきで、被害者の感情の強弱は量刑事情として考慮すべきではない」などの意見が相次いでいます。

最高裁司法研修所が二〇〇五年に実施した量刑に関する意識調査（全国の市民千人と刑事裁判官七百六十六人が回答）によると、被害者の遺族が被告に重い刑罰を望んでいる場合、裁判官の八〇％は「やや重くする」か「重くする」と答えましたが、市民の五〇％が「どちらでもない」とし、「やや重くする」、「重くする」は合わせて四九％でした。

また、市民は被告が遺族に謝罪している場合でも「やや軽くする」、「軽くする」は計三四％にとどまり、五七％は「どちらでもない」でした。一方、裁判官は「やや軽くする」が七〇％にのぼりました**【注24】**。

市民のほうには、客観的な犯罪事実を中心に刑を選択しようという意識が強いとみられます。ただ、裁判員裁判の法廷で実際に遺族の陳述を聴いた場合、はたして模擬裁判や意識調査のような傾向を示すでしょうか。予測はむずかしいと思います。

【注24】司法研修所編『量刑に関する国民と裁判官の意識についての研究』（法曹会）。

厳罰要求は不満のはけ口か

ところで、松原芳博早稲田大学大学院教授(刑法)は「被害者や遺族の報復感情が、無力感を克服して自信を回復しようとする心理によるものであるとすれば、国民一般が報復感情に共感して犯人に対する厳罰を求めるのも、それによって自分自身が自らの無力感から解放されたいという心理が働いているからではないだろうか」と問いかけます【注25】。

閉塞感《へいそくかん》がただよう社会のなかで、無力感にさいなまれる市民は、犯罪者の処罰で「つかのまの充足感」を覚えるのではないかとし、裁判員制度について「政府としては、国政の大勢に影響することのない刑事裁判で(市民に)象徴的に発言権・決定権を付与することで、主権者としての自信を表面的に回復させ、政治的ストレスを発散させようとしているのではないだろうか」とみています。

一方、厳罰を求める市民の感情は「不満のはけ口」とも考えられ、こうした被害者の感情への「便乗《びんじょう》」は、被害者にとって必要な経済的、精神的な支援や二次的被害の防止といった救済策から目をそらさせることになりかねないと指摘しています。

【注25】『世界』二〇〇八年二月号の「国民の意識が生み出す犯罪と刑罰——犯人への報復感情を煽るマスメディアの過剰な犯罪報道の行き着く先は」。

「陪審制度へのプロローグ」

Ⅲ章では、裁判員に一生課される守秘義務は、裁判官が裁判員の意見を無視し、違法に判決内容を決めても検証できないなどとして、裁判員制度最大の問題点と指摘しました。また「調書裁判」をやめ、口頭主義の裁判の実現を大きな課題として挙げました。

その解決策として、丸田隆関西学院大学法科大学院教授（英米法）は「裁判員制度を限りなく陪審制度に近づけること」を提案しています。陪審制度では、評議に裁判官はおらず、法廷の証言だけで判断するからです。

丸田教授は裁判員制度が「陪審裁判に遠いものであればあるほど、それは現在の裁判とは変わりなく、国民の司法参加は形だけのものになりかねない」とし、裁判員制度が「陪審制度へのプロローグ」となることに期待を寄せています**【注26】**。陪審制度の導入を求めてきた人たちにとっては、裁判員制度が試金石《しきんせき》となりそうです。

【注26】著書『裁判員制度』（平凡社新書）。

民事、行政訴訟への拡大も

最後に、刑事裁判以外の民事訴訟などへの裁判員制度の導入について、考えてみます。

司法制度改革審議会の意見書では「刑事以外の裁判への導入は、新制度の運用状況を見ながら、将来的な課題として検討すべきである」とされました。しかし、与党の政策責任者会議司法制度改革プロジェクトチームは裁判員制度に対する意見書のなかで「将来においては、民事事件や行政事件についても、それぞれにふさわしい形で、裁判員制度の対象とすることを検討すべきである」との見解を示しました**【注27】**。

裁判官のなかには「刑事裁判で軌道に乗れば、名誉棄損など特定の民事訴訟への導入が検討されるのではないか」とみている人がいます。

また、アメリカやドイツでは、民事訴訟にも陪審・参審制度が採用されています。ドイツは行政訴訟にも参審員が加わっています。

裁判員制度が定着すれば、民事訴訟のほか、原発の立地や空港の騒音被害、学校での日の丸・君が代の強制などをめぐる行政訴訟にも、拡大されるかもしれません。

じつは、最高裁が誕生してから六十年以上ですが、法律の規定を憲法違反と判断したケースは八件しかありません。Ⅲ章で述べた統治行為論に代表される立法府尊重の姿勢は「**司法消極主義**」と呼ばれ、裁判官の多くは「私たちは選挙で選ばれたわけではないから」と説明します。

しかし、裁判員裁判になれば、有権者が加わった判断になります。行政のチェックに司法の機能をより果たすことになるのではないでしょうか。

【注27】前掲の二〇〇四年一月の意見書「裁判員制度の導入について」。

V　事件報道は変わるのか

最後の章は、裁判員に容疑者・被告は有罪に違いないなどの予断《よだん》や偏見を与えると指摘され、そのあり方が問われている事件報道がテーマです。**日本新聞協会【注1】**は新たな取材・報道指針をつくって注意をうながし、今後の各社の取り組みが課題となっています。

犯人視報道と誤報

事件報道には①読者・視聴者の知る権利に応える、②再発防止などに向けて背景にある問題点を伝える、③社会の不正を追及する、④捜査機関を監視する、などの意義があります。一方で警察・検察から得る情報が中心となるため、容疑者・被告を犯人扱いするおそれがあり、被害者側などへの過度の取材が「**報道被害**」をもたらすと批判されてきました**【注2】**。

一九八四年に週刊誌の連載記事から始まった「ロス疑惑」では、雑貨輸入会社の三浦和義元社長を犯人視した過熱報道がくりかえされ、逮捕時は手錠姿の写真が新聞に載《の》りました**【注3】**。

【注1】二〇〇七年九月現在、全国の新聞百九、通信四、放送二十七の計百四十社が加盟しています。

【注2】日本新聞協会発行『実名と報道』。

【注3】ロス疑惑などの報道に対し、

八〇年代は死刑確定者の再審無罪（四九ページ参照）が相次いだほか、八八年十一月に東京都足立区で起きた母子殺害事件では、少年三人の逮捕を報道してから一年もたたない八九年九月に少年審判で無実が判明し、メディアは捜査側の有罪視情報を報じた責任を問われました**【注4】**。

さらに、八九年は、幼女連続誘拐殺人事件の宮崎勤死刑囚の「アジト発見」という読売新聞の記事**【注5】**や、グリコ・森永事件の「犯人取り調べ」という毎日新聞の記事**【注6】**が次々に事実と異なることがわかり、事件報道への信頼が大きく揺らぎました**【注7】**。毎日の記事の見出しには「犯人」とあり、新聞が容疑者を犯人扱いしていることを示していました。

この年の十一―十二月に、ほとんどの報道機関は、被害者や市民の感情に配慮するとして、それまで呼び捨てにしてきた逮捕者に**「容疑者」の呼称**をつけて報道すると表明します。

〝容疑者報道〟の挫折

その後、三浦元社長が報道機関を相手に起こした名誉棄損訴訟で勝訴するケースが続いたこと**【注8】**や、各社が大きく報道した千葉県松戸市のOL殺害事件で、被告の無罪が九一年に確定したことなどもあって、疑いをかけられた段階にとどまるという法律上の立場を踏まえた**〝容疑者報道〟**

日弁連は八七年に「人権と報道に関する宣言」を決議。報道される側への十分な配慮や捜査情報への安易な依存をやめ、客観的で公正な報道をおこなうことなどを求めました。

【注4】当時の状況は『徹底討論・犯罪報道と人権』（現代書館）参照。

【注5】一九八九年八月十七日付夕刊。読売新聞は同年十月十五日付朝刊で「激しい取材競争の中で一線記者が冷静さを失い（中略）不確かな『事実』を間違いのない『事実』と信じ込んだ」と説明しています。

【注6】一九八九年六月一日付夕刊。毎日新聞は同月十日付朝刊で「二重、三重のチェックという点で欠けるところがあった」と釈明しました。

【注7】沖縄・西表島のサンゴに落書きがあると報じた一九八九年四月二十日付朝日新聞夕刊の記事が写真部員のねつ造だったことも、報道の信頼を損なうこの年の大事件でした。

【注8】元社長は約五百三十件の訴訟を起こし、うち判決が出た約二百件の約八割で勝訴。他の訴訟も多くは

が主流となり、容疑者側の主張を報じるケース【注9】も増え、逮捕時の連行写真などの掲載は減りました。

ところが、報道機関は九四年の**松本サリン事件**で、被害者の河野義行さんを犯人扱いしました【注10】。翌年の**地下鉄サリン事件**を機に摘発された一連の**オウム真理教事件**は、被害の甚大さなどから空前の規模の報道となり、激しい取材競争が続きました。オウム事件では、裁判についても「検察側証人の証言内容はそのまま報道するのに、弁護側証人は『あいまいな証言に終始した』という評価つきで報道された」【注11】と批判されました。

九七年の東京電力OL殺害事件や神戸の連続児童殺傷事件、九八年の和歌山の毒入りカレー事件でも過熱報道が指摘され、被害者側などに多数の報道関係者が押しかける「**メディアスクラム**」への批判が高まりました。

自主的取り組みと規制の動き

新聞協会は二〇〇〇年に**新聞倫理綱領**を改定して「人権の尊重」を強調したのに加え、二〇〇一年には「**集団的過熱取材に関する見解**」を発表し、メディアスクラムを生じさせないために守るべき事項、発生した場合の対応策を示しました【注12】。新聞各社は外部の委員で構成する**第三者機関**を設け、苦情に対応したり、自社の報道への提言を受けるようになりました。

実質勝訴のかたちで和解しました。二〇〇三年三月七日付毎日新聞朝刊。

【注9】西日本新聞は一九九二年十二月から、当番弁護士などから得た「容疑者の言い分」の掲載を始めました。

【注10】河野さんはシンポジウムで「全国民が私を犯人と思った、と思う。記者はペンが人を殺す凶器になりうることを自覚してほしい」と述べています(http://www.jca.apc.org/~jimporen/lec.html)。

河野さんには各社が謝罪し、たとえば、共同通信は一九九五年七月十七日付朝刊用の配信記事で「河野さん『クロ説』をとる捜査当局の非公式情報に引きずられ、一方的な見方による報道を続けた。結局、疑問と混乱を抱えたまま、情報のすべてを握る警察サイドに頼るしかなく、オウム真理教の犯行と断定された今年六月までの一年近く、公式に報道を修正できなかった」と検証しています。

【注11】渕野貴生立命館大学准教授の

ＮＨＫと日本民間放送連盟（民放連）は九七年以降、苦情に対応する第三者機関**「放送と人権等権利に関する委員会（ＢＲＣ）」**【注13】を設置したほか、新聞協会と同様のメディアスクラム対策を公表しました。民放連は、無罪推定の原則尊重などを定めた報道指針も制定しています【注14】。

報道側の自主的な取り組みが進む一方で、自民党は参議院選挙で大敗した九八年以降、報道が〝適切〟か否かを点検するモニター制度をつくり、「報道と人権等のあり方に関する検討会」を発足させました。検討会は報道機関に人権侵害に対する自主規制を求め、実効性があがらない場合の法規制を打ち出すとともに、名誉棄損訴訟で報道機関に命じられる損害賠償額が欧米に比べて少なすぎると提言しました【注15】。

政府は二〇〇二年、被害者や遺族、容疑者の家族への過剰な取材などを国による救済の対象に加えた人権擁護法案を国会に提出するなどして、報道規制の動きを強めます。

報道機関は報道の自由や知る権利を脅かすとして、人権擁護法案などに反対しましたが、新聞協会は「（市民には）必ずしも理解されていない現実があります。取材・報道のあり方に対し、これまで以上に厳しい目が向けられている」と認めざるを得ない状況でした【注16】。

そこに裁判員制度導入をめぐる、予断・偏見問題が浮上しました。

著書『適正な刑事手続の保障とメディア』（現代人文社）。

【注12】新聞倫理綱領などは、新聞協会のＨＰ（http://www.pressnet.or.jp/index.htm）参照。

【注13】二〇〇七年五月以降、第三者機関は、ＢＲＣと、放送倫理上の問題を調査、審理し、勧告や見解を出す「放送倫理検証委員会」、青少年に対する放送のあり方を審議する「放送と青少年に関する委員会」の三つを「放送倫理・番組向上機構」（ＢＰＯ、http://www.bpo.gr.jp/index.html）が運営するかたちになっています。

【注14】報道指針などは民放連のＨＰ（http://nab.or.jp/index.php）参照。

【注15】裁判官による研究会でも賠償額引き上げが提言され、政治家や企業経営者、芸能人、スポーツ選手らへの賠償は、五百万円から一千万円程度にまで高額化しています。大石泰彦東洋大学教授の著書『メディアの法と倫理』（嵯峨野書院）参照。

「裁判の公正」と「報道の自由」

予断・偏見問題が本格的に議論されたのは、裁判員法の原案をまとめた司法制度改革推進本部裁判員制度・刑事検討会です【注17】。

二〇〇三年三月の検討会の会議で、司法制度改革推進本部の事務局が提出した裁判員法案のたたき台には「裁判の公正を妨げる行為の禁止」という項目があり、「事件に関する報道を行うに当たっては、裁判員、補充裁判員または裁判員候補者に事件に関する偏見を生ぜしめないように配慮しなければならない」という〝**偏見条項**《へんけんじょうこう》〟がもりこまれていました【注18】。

憲法は被告に「**公平な裁判所**」による裁判を受ける権利を保障し、国にその実現を義務づけています【注19】。「公平な裁判所」とは、最高裁の判例で偏りや不公平のない裁判所とされ、裁判員に予断・偏見を与える可能性のある報道は「裁判の公正を妨げる行為」にあたるというわけです。

これに対し、新聞協会は二〇〇三年五月の検討会によるヒアリングで「実質的に報道を規制するものになりかねないうえ、何をもって『偏見』とするのかも明確でない。恣意的《しいてき》な運用を導く恐れの強い規定であり、**表現の自由**や**適正手続き**（法の定める手続きによらなければ、自由や権利は制約されない）を定めた憲法の精神に触れる疑いがある」として、〝偏見条項〟の

【注16】前掲の『実名と報道』参照。

【注17】司法制度改革審議会では、陪審制度の短所や裁判員制度の課題として、報道規制に言及する意見が数回出ましたが、ほとんど議論になりませんでした。審議会の関係者は「報道の問題を本格的に論議すれば、マスコミが一斉に裁判員制度を批判するおそれがあった。審議会で導入を決めてから論議すればいいと先送りしたのではないか」とみています。検討会の委員は六五ページ参照。

【注18】裁判員法のたたき台は、検討会第十三回会合の配付資料参照。

【注19】憲法三七条に「すべて刑事事件においては、被告人は、公平な裁判所の迅速な公開裁判を受ける権利を有する」と定められています。

全面削除を要求しました。そのうえで、事件報道の意義やメディアスクラム対策などの自主的な取り組みを紹介し、「報道機関による自主ルールとして、裁判員制度の導入を想定して取材・報道指針を作成する用意がある。評議中の裁判員への接触取材や裁判員の特定につながる個人情報の報道などは原則自粛する方向になると考えている」と表明しました【注20】。

報道の自由と市民の知る権利は、憲法が保障する「表現の自由」から導かれます【注21】。同様に憲法が保障する権利がぶつかり、法規制か、報道側の自主的な取り組みかが争われることになりました。事件報道に、裁判の公正を確保するという課題が新たに加わったとも言えます。

〝偏見条項〟は当面見送り

検討会の審議では、〝偏見条項〟を支持する意見と報道側の自主ルールに委《ゆだ》ねる意見、自主ルールの策定状況をみて判断するという意見にわかれたほか、「大々的な報道がなされた事件は裁判員裁判の対象から外《はず》す以外に解決策はない」という指摘もありました【注22】。結局、検討会では意見がまとまらず、〝偏見条項〟の是非《ぜひ》は与党協議に委ねられることになります。

与党協議で、公明党は「裁判官の十分な説明によって、なすべきことと、

【注20】ヒアリングでは、民放連と日本雑誌協会も同様に〝偏見条項〟の削除を求めました。また、新聞協会をふくめた三者は、裁判官らによる説明などで、裁判員の予断・偏見を排除するよう指摘しました。
　三者の意見は、検討会第十七回会合の配付資料参照。

【注21】最高裁の判例で「報道は民主主義社会において、国民が国政に関与するにつき、重要な判断の資料を提供し、国民の『知る権利』に奉仕するものである。国民の（中略）事実の報道の自由は、表現の自由を規定した憲法二一条の保障のもとにあることはいうまでもない」とされています。

【注22】検討会第十八回、第二十五回会合の議事録参照。

なすべきでないことを区別できるはずで、安易な報道の規制は好ましくない」とし、自民党も「報道機関が自主的な取り組みの努力をしていることにもかんがみ、当面法律上の手当ては行わない」との方針を示して、〝偏見条項〟は削除されることになりました【注23】。

ただ、法規制の見送りは、当時の野沢太三法務大臣が国会で「報道機関において自主的な取り組みの努力がなされていることを十分考慮し、事件の報道に関する規定は特別に設けないことにした」と答弁したように、報道側の自主ルール作成が条件と受け止められていました【注24】。

【注23】両党の見解はⅡ章の【注33】の意見書参照。

【注24】野沢大臣の答弁は二〇〇四年五月十八日の参議院法務委員会。

予断・偏見を実証する研究も

事件報道が与える予断・偏見とは、どの程度のものなのかについて、世論調査や実証的な研究の結果を見ながら考えてみましょう。

Ⅲ章で紹介した日本世論調査会の裁判員制度に関する全国調査では、「事件の報道が裁判員にどの程度影響を与えると考えますか」という設問もあり、「大いに影響を与える」、「少しは影響を与える」と考えている人は計九〇%に達しました【注25】。事件報道の影響が大きいことは明らかですが、かなりの人が自覚していることから、裁判官による説明などが加われば、一定程度の予断・偏見は排除可能であることもうかがわせます。

【注25】「裁判員に過度の先入観を与える報道があるとすれば、あなたはどれだと思いますか」という質問（複数回答）には、テレビのワイドシ

一方、アメリカの研究者が陪審員に与える報道の影響を実験したデータがあります【注26】。

男が別居中の妻と近所の男性を殺害したとして起訴《きそ》されたという想定で、実験に参加した学生は、(a)被告が妻に暴力を振るってきたことや凶器から被告の指紋が見つかったこと、目撃者の存在を報じる新聞記事、動機は嫉《しっ》妬《と》であり、被告には酒を飲むと暴力を振るう傾向があったことを指摘したコラム、公判記録を読んだグループ、(b)は(a)の三つに加え、弁護人がコラムの内容を否定し、新聞を売るために無罪につながる事実を意図的に無視したと主張していることを伝える記事を読んだグループ、(c)公判記録だけ読んだグループ、にわけられました。

そして有罪・無罪を判断したところ、有罪の割合は、(b)と(c)が四〇—四五％だったのに対し、(a)は七五％を超えました。研究者は〈公判前の報道が陪審に予断を与えることを示唆《しさ》しているが、動機に疑問を投げ掛ける情報を読むことで効果を薄めることができる〉と指摘しています【注27】。

予断を持つ人排除か、報道規制か

次に陪審・参審制度の歴史が長い欧米各国で、事件報道の影響はどのように考えられているのかをみていきます【注28】。

ョー・情報番組六〇％、テレビ・ラジオのニュース番組五〇％、一般新聞の記事四三％、週刊誌の記事一七％、インターネットで得られた情報一四％という答えでした。

【注26】実験結果の発表は一九九七年。前掲の『適正な刑事手続の保障とマスメディア』参照。

【注27】東京弁護士会の五十嵐二葉弁護士は一九九二年、全国の約五百人を対象に、新聞報道が与える影響を調査しています。裁判で冤罪と判明した実在の殺人事件を題材に、回答者を①当時の新聞記事を読んだグル

まず、アメリカは**憲法修正一条**に「言論または出版の自由を縮減する法律を制定してはならない」と定め、法律による報道規制はできません。

予断・偏見を持つ人は陪審員選任時の**質問手続き**などによって、除外できると考えられています。裁判所が質問手続きだけでは不十分と判断した場合、捜査当局者や事件関係者らに報道機関への情報提供を禁じる「**ギャグ・オーダー（かん口令）**」を出したり、予断・偏見が強い事件発生地とは別の地域への**裁判地変更**を命じたりします【注29】。

州によっては、報道機関側の自主的な取り組みとして、裁判所や法律家協会などと紳士協定的なガイドラインが設けられています。ネブラスカ州の例では、自白の報道や有罪・無罪の論評、犯罪歴の公表などが不適切とされています【注30】。

一方、同じ陪審制度でも、イギリスは「裁判の公正」を重視し、報道を裁判所侮辱罪などで規制しています。

対象は、(a)前科を暴《あば》くような、被告への敵対感情を呼び起こす論評、(b)被告が公判前に自白したという報道、(c)裁判確定以前に有罪・無罪について直接的・間接的にコメント・論評を加えること、などで、上限二年の禁固刑や罰金刑が科《か》されます【注31】。

ープ、②拷問を受けたとして冤罪を訴える被告の陳述書を読んだグループ、③新聞記事と被告の陳述書を読んだグループ、④いつ、誰が、何の容疑で逮捕されたという最低限の事実のみを記載した新聞記事を読んだグループにわけ、被告を「犯人と思うか」とたずねました。「犯人だと思う」は、①の五二％、②の四％、③の二六％、④の三七％でした。これは新聞報道の影響の大きさを示しています。『新聞研究』五一〇号（九四年一月）の「犯罪報道が読者・視聴者に与える被疑者＝犯人視効果」。

【注28】本文に記載した欧米各国の状況は、最高裁の調査結果などにもとづいています。

【注29】アメリカには、医師が妻を殺害したとして起訴され、医師を犯人視した報道が続いたケースで、連邦最高裁が一九六六年、陪審員選任手続きで報道の影響について質問がなく、ギャグ・オーダーや裁判地変更などもなかったとして有罪を破棄し、再審理を命じた判例があります。裁

裁判官が予断を中和する

参審制度のドイツでは、仮に事件や裁判の報道が参審員に予断・偏見を与えたとしても、評議などで裁判官が指導すれば、予断・偏見を「中和」できると考えられているようです。報道側には、容疑者・被告の人権に配慮する自主規制があり、たとえば、ドイツ報道協議会の基本原則は「偏向にとらわれた報道をしてはならない」と定めています。

同様に参審制度のフランスにも、公正な裁判の実現という観点からの事件・裁判報道の規制はありません。ただ、容疑者・被告の権利を侵害するとして、有罪を前提とした論評や手錠姿の放映などは法律で禁じられ、違反者には罰金刑が科されます。

両権利の調整を図る提言も

裁判官だけで刑事裁判を続けてきた日本では、予断・偏見問題の研究はあまり多くありませんでしたが、裁判員制度の導入と〝偏見条項〟の検討を機に、学者や元検事らから意見が相次ぎました。

椎橋隆幸中央大学教授(刑事訴訟法)は「『疑惑の銃弾』報道(ロス疑惑報道)、『松本サリン事件』報道等過去に過熱した報道があり、それに接した国民はその事件の被疑者・被告人に有罪方向への影響を大きく受けたこと

判所には可能な限りの予断排除措置が求められています。前掲の『適正な刑事手続の保障とマスメディア』。

ギャグ・オーダーについては、日本でも必要な限度で可能とする学説があります。『阪大法学』五三号(二〇〇三年十一月)の「公正な裁判を受ける権利」参照。

【注30】ワシントン・ポスト紙は記者に「被告人・容疑者が有罪であることを記事や見出しで暗示したり、ほのめかしてはならない」、「警察官、記者、検事に対する供述は自白ではない。被告人が法廷で有罪を認めたことを報道する場合以外は、自白という言葉は見出し、記事のいずれにも使用してはならない」と指示しています。『ワシントン・ポスト記者ハンドブック』(ジャパン・タイムズ)。

【注31】たとえば、二〇〇一年、イングランド北部のリーズで二〇〇一年、パキスタン人の男子学生が暴行された事件の裁判中、被害者の父のコメントを「私が人種差別者に殴られていたらイギ

は事実であろう」と指摘。報道側の自主ルールに「報道機関全体で統一した実効性のあるもの」と注文をつけ、下請け会社などの違反行動への対処も真剣に検討すべきだと提言しました【注32】。

倉田靖司元検事は、「○○と供述していることがわかった」と容疑者の自白を伝えるニュースについて、次のように指摘します。

〈警察官から口頭で説明を聞いてメモしたものを基《もと》に記事を書いた、伝聞にすぎないと思われる。自白には、常に任意性・信用性の問題もあるのに、報道の受け手は「本人が認めているくらいだから、犯人であることは間違いない」と思い込んでしまうおそれが大である〉

倉田元検事は公正な裁判実現の重要性を指摘し「（司法制度改革推進本部のたたき台は）『偏見』という言葉を用いたため、やや刺激的に過ぎ、せいぜい『予断』程度の表現にしておけばよかった」と述べています【注33】。

一方、松井茂記大阪大学教授（当時、憲法・メディア法）は「取材・報道の自由の制限は、結果的に事件について知る国民の権利を不当に制約するおそれがある」として、〝偏見条項〟を違憲と断じました【注34】。

渕野貴生立命館大学准教授（刑事訴訟法）は、公正な裁判と報道の自由の調整を図る提言として、裁判員候補者への詳細な質問手続きや裁判地変更、捜査関係者らへのギャグ・オーダー、警察・検察側から得た情報と容疑

リスから逃げ出したかっただろう」との見出しで報じたサンデー・ミラー紙に対し、罰金七万五千ポンド（約千四百万円）が科されました。『判例タイムズ』一〇八〇号（二〇〇二年三月）の「イギリスにおける陪審裁判と事件報道」など参照。

【注32】『ジュリスト』一二六八号（二〇〇四年六月号）の「裁判員制度と報道の在り方」。

【注33】日本法律家協会会報『窓』六六号（二〇〇四年十二月）の随想「公正な裁判と報道」。

【注34】『新聞研究』六二四号（二〇〇三年七月）の「公正な裁判とマスメディア」。

者・被告側の主張を並列的に伝える「**両当事者対等報道**」の義務づけなどで、裁判員の予断を減少、排除するよう求めています【**注35**】。

【**注35**】前掲の『適正な刑事手続の保障とマスメディア』。
両当事者対等報道では、無罪推定の原則にもとづき、警察・検察側の情報と容疑者・被告側の主張はどちらも確定した事実ではないと明確にわかる書き方をすることなどが必要としています。
また、無罪推定の原則について、メディア側に「刑事手続き上の権利であって、刑事手続きの外で活動している報道機関には適用されない」という主張もありますが、渕野准教授は容疑者・被告側に公正な裁判を保障するのは国の義務であり、メディア側が無罪推定の原則を無視して、容疑者らを有罪視する報道を続ければ、国による法規制が正当化されると指摘しています。

供述、プロフィル、識者談話に注意

朝日新聞が予断・偏見問題も踏まえ、事件報道のガイドラインとして、二〇〇五年三月に作成した「事件の取材と報道」は、「『犯人視報道』にならないよう、捜査の状況や容疑の濃淡を見極めながら、その時点で確認できた事実を客観的に報道していく姿勢が大切だ」と指示しました。

さらに、同社の第三者機関「報道と人権委員会」の委員からの指摘として、①自供を伝える報道、②容疑者のプロフィル記事、③識者コメント・分析、④連載・企画記事の際に、とりわけ注意すべきだと書かれています。

具体的には「○○容疑者の逮捕で事件は×カ月ぶりに解決した」、「突き止めた」、「厳しく追及している」などの表現は避け、見出しも「○○を殺害」、「○○円を詐取」ではなく「○○を殺害容疑」、「○○円詐取の疑い」などと、容疑段階であることをはっきりさせるよう求めています。

指針の認識、法曹側と相違

新聞協会が裁判員制度に向けた取材・報道指針を作成し始めたのは、二〇〇七年に入ってからでした【注36】。指針づくりにあたった新聞協会人権・個人情報検討会の森純一幹事は、次のように説明しています。

〈新聞協会は裁判員の個人情報の報道と裁判員の接触取材に関しては自主ルールを制定する意向を示したが、偏見報道を防ぐための自主ルールを作ろうという意思はなかった。二〇〇七年に入り、裁判員制度下での取材で想定される問題点を整理するため、最高裁や日弁連と接触したところ、「新聞協会は自主ルールを作るはずだったのではないか」と指摘され、法曹側は新聞協会が「偏見報道をしないための自主ルール」を作ることを条件に〝偏見条項〟が削除されたと認識していることがわかった〉

森幹事によると、新聞協会は法曹側が求める「偏見報道を防ぐための自主ルール」と切り離したかたちで、あくまで自主的に取材・報道指針を作成することを決めました【注37】。

懸念される七つの報道

最高裁刑事局の平木正洋総括参事官(刑事裁判官)は二〇〇七年九月、報道各社が集まり、福井市で開いたマスコミ倫理懇談会全国協議会の大会で講演した際、新聞協会の指針づくりなどへの参考意見として、裁判員に予断・偏見を与えると懸念《けねん》している報道を列挙しました。

【注36】指針づくりが進展を見せないため、裁判員制度・刑事検討会の委員だった土屋美明共同通信社論説委員兼編集委員は二〇〇六年十二月に「裁判員制度と報道のガイドライン」の私案を発表しました(『宮本康昭先生古稀記念論文集』日本評論社)。私案は「無罪推定の原則を尊重し、裁判員をはじめ読者、視聴者らに容疑者・被告が犯人であるとの予断を与えるおそれのある報道はしない」とし、刑事裁判の進行中は①被告の人格を論評すること、②自白を明らかにすること、③事件の評価に関してコメントまたは論評することを原則として自粛する、としています。

【注37】『新聞研究』六七九号(二〇〇八年二月)の「公正な裁判と報道の自由の調和」。森幹事は朝日新聞社ゼネラルマネジャー補佐。

平木参事官が指摘したのは、①捜査機関から得た情報を事実であるかのように伝える報道、②自白したことやその内容の報道、③容疑者・被告の弁解の不自然さや不合理性を指摘する報道、④容疑者が犯人であることを示す証拠を断定的に伝える報道、⑤前科の報道、⑥容疑者の生い立ちや人間関係を伝える報道、⑦有罪を前提とした識者のコメントです。

②の自白の任意性・信用性が公判で否定されたり、③の弁解が真実だったり、④の証拠が違法に収集されたもので公判で採用されないなどのケースがあるとして、指摘した「七つの報道」は容疑者が有罪との予断を強く与え、無罪推定の原則を無意味にしてしまうと説明しました**【注38】**。

また、平木参事官は「裁判官であれば、証拠にもとづいて認定された事実と報道された事実をきちっと区別できるはずとされてきました」と述べました**【注39】**。

それに対して、会場からは「事件報道は社会のリスク情報。その役割を理解していない」などの反論が相次ぎました。

平木参事官の発言は最高裁が裁判員制度のために事件報道を否定し、しかも裁判員を見下しているなどと受け止められ、その後、裁判員制度自体に反対する報道関係者が増えたように見受けられます。

【注38】平木参事官は松本サリン事件や秋田の連続児童殺害事件などの記事を例に挙げました。裁判官による予断・偏見の排除については「裁判員候補者名簿に登載されたという通知を受け、意識的に報道に接してしまうと、そう簡単に影響を払拭することはできない」と述べました。

【注39】免田事件などが再審無罪となった際、元東京高裁判事の三井明弁護士は「センセイショナルに報道された事件、社会に大きなショックを与えた事件、非常に残虐な殺人事件などを裁く裁判官の心理には、あり

「報道評議会」も課題に

日弁連も二〇〇七年十二月、報道機関が事件報道のガイドラインを作成する際の検討項目を公表し、「容疑事実・起訴事実が刑事裁判の一方の当事者である捜査・訴追機関の見解にすぎないことが正確に報じられるべきだ」、「捜査機関から取得した情報を報道するときは、捜査機関が取材源であることが明らかにされるべきだ」などの点を指摘しました。

また、取材・報道に関する苦情を受けつけ、審査、裁定する第三者機関「**報道評議会**」の設置を求めました。放送はＢＰＯがありますが、新聞の場合、各社ごとの対応となっているためです【注40】。

「犯人視報道しない」、指針で再確認

新聞協会は二〇〇八年一月十六日、「裁判員制度開始にあたっての取材・報道指針」を公表しました。

指針は「いわゆる**犯人視報道**をしないように心掛けてきたが、(中略)改めて取材・報道の在り方について協議を重ね、以下の事項を確認した」として、①**捜査段階の供述**、②前科・前歴をふくむ、被疑者の対人関係や成育歴などの**プロフィル**、③事件に関する**識者のコメントや分析**の報道に際して、慎重な配慮や十分な注意を求めました。

ふれた窃盗事件などに対するものとは違ったものがないとは言い切れないように思われる。これは社会的影響の大きい重大な事件だ、軽々しく無罪にはできないというように、特別の意識が働く。それが内心の圧力となって証拠に対する判断に影響し、誤判を生み出すおそれがないとはいえない」と告白しています。『判例タイムズ』五二八号(一九八四年八月)の「誤判と裁判官」。

【注40】報道評議会については〈学者、マスコミ関係者、弁護士らで構成し、事務局は新聞協会などの団体内に置く。名誉棄損、誤報、プライバシー侵害、偏見報道、公正な裁判を受ける権利を害するおそれのある報道などを扱う。被疑者・被告人、被害者、第三者の申立てで調停、仲裁、勧告、報告、公表などを行い、報道機関に資料の任意提出を求めることができる。(こうした取り組みで)自浄作用が発生し、自律性を保ちながら報道被害を防止する可能性が増大する〉と提言しています。

「裁判の公正」と「報道の自由」の調和をめざし、アメリカや朝日新聞のガイドライン、平木参事官の指摘などを参考に、予断・偏見を与えるおそれが大きいものを三つ挙《あ》げたとみられます。

なお被害者が容疑者を犯人と決めつけ、厳罰を求めた場合の報道も課題でしたが、各社の判断に任せることになりました**【注41】**。

また指針は、裁判員らに対する接触規制、守秘義務などについて「裁判員等の職務の公正さや職務に対する信頼を確保しようという立法の趣旨を踏まえた対応をとる」と定め、公正な裁判の実現に向けて、適切な裁判員選任手続きや裁判官による説明などが必要なことにも言及しました。

新聞協会の指針公表翌日、民放連は「裁判員制度下における事件報道について」と題する見解を発表し、「報道指針を策定して不断の努力を続け、第三者機関・BPOの設置や集団的過熱取材問題への対応などで自主自律機能を強化している基本姿勢は変わらない」と表明しました**【注42】**。

日本雑誌協会は「新たな事件報道のルール作りが必要だとは考えていない」との見解を、二〇〇八年一月二十二日に公表しました**【注43】**。

閲読率は実質トップ

新聞協会は指針で「加盟各社は、本指針を念頭に、それぞれの判断と責

【注41】前掲の『新聞研究』六七九号。
森幹事によると、指針作成でもっとも議論になったのは、供述などの報道に配慮する理由などをどこまで書くか。意見は「国民に分かりやすく、加盟各社のガイドラインとなるように、具体的に書き込む必要がある」、「各社の判断で決めるべきで、書く必要はない」、「できるだけ簡略化すべきである」の三つにわかれましたが、検討の結果、最低限必要な部分を残したものになりました。

【注42】見解は確認事項として、報道指針に定められた「被疑者・被告人の主張に耳を傾ける」、「一方的に社会的制裁を加えるような報道は避ける」、「当事者の名誉・プライバシーを尊重する」など五項目と、「裁判員法の趣旨を踏まえて取材・報道に

裁判員制度開始にあたっての取材・報道指針

2008年1月16日　日本新聞協会

重大な刑事裁判の審理に国民が参加する裁判員制度が2009年5月までに実施される。刑事司法の大きな転換期にあたり、日本新聞協会は、同制度下における取材・報道に関する指針をまとめた。我々は、本指針を踏まえて、公正な裁判と報道の自由の調和を図り、国民の知る権利に応えていく。

裁判員法の骨格を固める段階から、裁判の公正を妨げる行為を禁止する必要があるとして、事件に関する報道を規制するべきだという議論があった。これに対し我々は、そのような措置は表現・報道の自由を侵害し、民主主義社会の発展に逆行するもので到底認めることはできないと主張してきた。

刑事司法の目的のひとつは事案の真相を明らかにすることにあり、この点において事件報道が目指すところと一致する。しかしながら、事件報道の目的・意義はそれにとどまるものではない。事件報道には、犯罪の背景を掘り下げ、社会の不安を解消したり危険情報を社会ですみやかに共有して再発防止策を探ったりすることと併せ、捜査当局や裁判手続きをチェックするという使命がある。被疑事実に関する認否、供述等によって明らかになる事件の経緯や動機、被疑者のプロフィル、識者の分析などは、こうした事件報道の目的を果たすうえで重要な要素を成している。

一方で、被疑者を犯人と決め付けるような報道は、将来の裁判員である国民に過度の予断を与える恐れがあるとの指摘もある。これまでも我々は、被疑者の権利を不当に侵害しない等の観点から、いわゆる犯人視報道をしないように心掛けてきたが、裁判員制度が始まるのを機に、改めて取材・報道の在り方について協議を重ね、以下の事項を確認した。

▽捜査段階の供述の報道にあたっては、供述とは、多くの場合、その一部が捜査当局や弁護士等を通じて間接的に伝えられるものであり、情報提供者の立場によって力点の置き方やニュアンスが異なること、時を追って変遷する例があることなどを念頭に、内容のすべてがそのまま真実であるとの印象を読者・視聴者に与えることのないよう記事の書き方等に十分配慮する。

▽被疑者の対人関係や成育歴等のプロフィルは、当該事件の本質や背景を理解するうえで必要な範囲内で報じる。前科・前歴については、これまで同様、慎重に取り扱う。

▽事件に関する識者のコメントや分析は、被疑者が犯人であるとの印象を読者・視聴者に植え付けることのないよう十分留意する。

また、裁判員法には、裁判員等の個人情報の保護や、裁判員等に対する接触の規制、裁判員等の守秘義務などが定められている。我々は、裁判員等の職務の公正さや職務に対する信頼を確保しようという立法の趣旨を踏まえた対応をとる。

改めて言うまでもなく、公正な裁判はメディア側の取り組みのみによって保障されるものではない。裁判員等の選任手続き、裁判官による裁判員等への説示、検察官および弁護人の法廷活動、そして評議の場において、それぞれ適切な措置がとられることが何よりも肝要である。

加盟各社は、本指針を念頭に、それぞれの判断と責任において必要な努力をしていく。

あたる」、「公正で開かれた裁判であるかどうかの視点を常に意識し、取材・報道にあたる」など新たな三項目を列記しました。民放連のHP参照。

【注43】その理由として、雑誌編集倫理綱領に「犯罪・事故報道における被疑者や被害者の扱いには十分注意する」と定めているほか、雑誌協会は加盟各社が自由な立場で自由な報道・言論をおこなうことを前提とした集まりであることを挙げています。

任において必要な努力をしていく」とし、各社に事件報道の具体的なガイドラインづくりなどを求めました。その際、これまで指摘されたことに加え、どのような観点からの検討が必要なのかを考えてみます。

第一のポイントは、事件報道の役割についてです。

新聞協会が二〇〇五年に実施した新聞閲読率調査によると、「事件・事故」の記事はテレビ番組表に次ぐ六八%で、「国内スポーツ」（五一%）や「国内政治」（四八%）を大きく引き離しています。事件報道は実質的にもっとも読まれる記事であり、それに応える必要があります**【注44】**。

どうしてこんなに読まれているのか。奥武則法政大学教授の「人間は自分が暮らす社会で起きている出来事に関心を持つ生きものなのだ。知りたい欲望の向かう先の大きな分野の一つが犯罪である。人々はさまざまな犯罪を知り、ときに憤り、ときに驚き、ときに悲しみ、ときに恐怖し、ときにわが身を振り返る。人間社会はそのようにして営まれ、こうしたサイクルが存在しない社会は健全ではない。犯罪報道はそうした健全さを支えるための営みとして存在する」という見方が参考になります**【注45】**。

一方、読者・視聴者の本能的な感情については、①凶悪事件発生で不安、緊張を強《し》いられた反動で容疑者を犯人視してしまう、②犯罪を憎む心や被害者に同情する心が容疑者への憎悪になってしまう、③容疑者逮捕から判

【注44】閲読率調査の結果は、新聞協会のHP（http://www.pressnet.or.jp/adarc/data/data01/12.html）。

読者・視聴者の知る権利について、朝日新聞の第三者機関「報道と人権委員会」の委員を務める長谷部恭男東京大学教授（憲法）は〈審理前や審理中に事件の動機や被疑者・被告人の前科、属性について国民に知る権利があるかといえば、ないと思う。裁判が終われば知る権利の対象になる〉との見解を示しています。朝日総研リポート『AIR21』二〇〇七年四月号の「裁判員制度と取材・報道の自由、知る権利」。

決まで時間がかかるため、メディアによる代理裁判を肯定してしまう、という点も指摘されています【注46】。こうした感情を読者・視聴者のニーズと勘違いすると、安易な犯人視報道となり、犯罪の背景を掘り下げたり、再発防止策を探ったりする事件報道の役割は果たせません。

裁判員、あくまで取材対象

また、裁判員法には守秘義務や接触禁止などの規定があっても、裁判員はあくまで取材対象です。新聞協会は司法制度改革推進本部に「評議中の裁判員への接触取材や裁判員の特定につながる個人情報の報道などは原則自粛する方向でまとまっている」と伝え、国会でも説明しました【注47】。

しかし、裁判官が裁判員の意見に耳を貸さず、強引に判決を言い渡したり、裁判員が被告側から有利な判決にするよう働きかけを受けたりした場合は別です。〝たれ込み〟などがあれば、裁判中でも裁判員に取材し、報道するケースはあり得ます【注48】。

避けられない表現見直し

それでは、予断・偏見問題への具体的な対応は、どの程度進めればいいのでしょうか。それが第二のポイントです。

【注45】『民放』二〇〇六年十一月号の「犯罪報道を『美しい言葉』で語ってはいけない」。

【注46】前掲の大石東洋大学教授の『メディアの法と倫理』。

【注47】推進本部に提出した意見書(http://www.kantei.go.jp/jp/singi/sihou/kentoukai/saibanin/dai24/24siryou3.pdf)参照。国会での説明は、二〇〇四年四月十四日の衆議院法務委員会。

【注48】前の注の衆議院法務委員会に参考人として出席した読売新聞東京本社の滝鼻卓雄社長(当時)は「私は、職業裁判官も、これから国民の中から選ばれる裁判員も、重要なニュースソースと考えております。罰則つ

裁判員法には、施行後三年を経過したとき、政府に必要な措置を講ずるよう定めた〝見直し条項〟があります。

自民党が報道側の自主的な取り組みを考慮し、予断・偏見問題について「当面法律上の手当ては行わない」と判断したことなどを考えると、目に見えるかたちで事件報道が一定程度変わらなければ、施行後三年の二〇一二年に〝偏見条項〟が再浮上する可能性があります【注49】。

また、裁判員裁判が始まった後、有罪を宣告された被告・弁護側が事件報道による予断・偏見を理由にして控訴審《こうそしん》や最高裁で争うことや、逮捕後に大きく報道された事件で、容疑者・被告側が裁判への影響を理由に、その後の記事の差し止めを求めて裁判を起こすことも予想されます。裁判官はいずれも事件報道による予断・偏見を否定するでしょうか。裁判官から予断・偏見問題への対応を求められた経緯を考えれば不安が残ります。

〝偏見条項〟の再浮上などは、報道の自由を脅かすものであり、事件報道の表現見直しは避けて通れないのではないでしょうか。

Ⅲ章で紹介した日本世論調査会の裁判員制度に関する全国調査でも、過度の先入観を裁判員に与えるおそれがあるとして、記事などの内容や表現を「変える必要がある」、「ある程度変える必要がある」と考えている人は、あわせて六三％でした【注50】。

きの守秘義務違反の条文があろうとなかろうと、正当な目的を持った取材は行われると思います。それがプロの新聞記者の務めであります。ただし裁判員に接触することによってもたらされるマイナス、不利益と、その問題を報道しなきゃならない利益というものは、いつもはかりにかけて、どっちが重いかということは考えていかなきゃならないと思います」と述べています。

【注49】その場合、規制が強まることも考えられます。政権交代があった場合、与党になると予想される民主党は二〇〇三年十二月に公表した「裁判員制度設計に関する考え方」（http://www.dpj.or.jp/news/dpjnews.cgi?indication=dp&num=10611）で、「裁判員制度で審理される事件の取材・報道のあり方については、表現の自由と、裁判員のプライバシー、公正な裁判の実現等との適正な調整を目指すべきであるが、基本的にはメディアの自主的規制に委ねることとする」という見解を示

していきます。

【注50】「あまり変える必要はない」二一%、「変える必要がない」は一〇%でした。

情報の出所明示

第三のポイントは、事件報道の表現をどう見直していくのかです。これまでの指摘を整理すると、①情報の出所をできる限り明らかにし、その情報の性格、位置づけを示す、②捜査途中の情報であることや確定していない情報であることを伝える、③容疑者・被告側の主張を可能な限り報じる、などの点が挙げられます。

まず①について、これまでは「調べによると（調べでは）」として、容疑者の逮捕容疑のほか、事件の動機、前後の経緯など、捜査機関から得た情報を書いてきました。

読売新聞は文字を大きくした二〇〇八年三月三十一日付朝刊から、「調べによると」は使わず、逮捕容疑は「発表によると～した疑い」、公式発表の事件の経緯などは「□□署幹部の説明によると」、〝朝回り〟や〝夜回り〟（警察官らの自宅で、出勤前や帰宅後に取材すること）で得た独自の情報は「捜査関係者によると」などと書きわけるようになりました。新聞協会の指針を受けて作成した新しいガイドラインにもとづく変化とみられます。

逮捕容疑については「〇〇容疑者の逮捕容疑は×月×日、△△で～した疑い」とより明確に表現する書き方もあるでしょう。

容疑者のプロフィルなどに関しても「容疑者を知る近所の人によると」、「仕事関係者によると」、「卒業した学校関係者によると」などと情報の出所を明らかにします。秘匿《ひとく》しないと、取材源に危害が及んだり、内部告発的な内容で取材源に不利益がおよぶおそれがある場合は、単なる「関係者によると」となるでしょう。

また、「□□署は事件の動機について『～』との見方を示している」、「近所の人は○○容疑者のふだんの行動について『～』という感想を述べた」などと、記事の主語を明記していくことも重要です。

②としては、新聞協会の指針で、過度の先入観を与えないよう十分配慮するとされた供述報道をどう書くかが課題となります。

これまでは「○○容疑者が□□署捜査本部の調べに『～』と供述していることがわかった」などと書いてきましたが、①も踏まえ、公式発表か独自の取材かによって「□□署捜査本部は○○容疑者が『～』と容疑を認めていることを明らかにした」や「捜査関係者は○○容疑者が『～』と供述していることを明らかにした」といった表現が考えられます。

それに「□□署捜査本部は供述の裏付け捜査を急いでいる」と続け、供述に関する情報が捜査途中のもので、確定したものではないことがわかるようにしたらどうでしょうか。

新聞協会の指針で十分留意するとされた識者のコメントは、「逮捕容疑が事実という前提で話すと」や「警察発表にもとづいて分析すると」などの条件付きにすれば、断定的な印象が薄まるのでしょう。

弁護人の協力が不可欠

③は渕野准教授が提言する両当事者対等報道（一四〇ページ）につながるものです。

逮捕・勾留されている容疑者・被告の場合、弁護人や家族から取材し、「弁護人によると」、「○○容疑者の家族によると」などとして、容疑者・被告側の主張をできる限り報じる必要があります。

従来から「対等」を意識して取材はしてきましたが、弁護人の協力が得られないなどの事情で、うまくいかない場合が多くありました【注51】。

一方、少数派ですが、容疑者と接見後、警察署前で取材に応じ、容疑者の了承した範囲で接見内容を明らかにしたケースもあります【注52】。

弁護人は容疑者・被告のために全力をつくすのが仕事であり、容疑者・被告に不利益をもたらすと判断した場合、取材に応じないのは仕方ないとしても、たとえば「事件についてコメントできないが、刑事手続きでは、逮捕容疑は一方の当事者である警察の見解にすぎない」、「事件に関するコ

【注51】和歌山の毒入りカレー事件の弁護人を務めた山口健一弁護士は取材に応じない理由について〈捜査情報が全く開示されていないのに被疑者の主張する断片的事実が真実かどうか、保証はどこにあるのか。被疑者がそのような主張をした場合、捜査側はそれと異なる事実を証拠固めすることは目に見えている。捜査側

メントは控えるが、容疑者は有罪が確定するまで無罪と推定されるというのが刑事手続きの鉄則だ」といった談話は出せないでしょうか。

民事訴訟を起こされた側の「訴状が届いていないので、コメントできない」という談話と似たようなものと考えてもらえばいいかもしれません。市民に刑事裁判の当事者主義や無罪推定の原則を伝える意味もあります。③の実現には弁護人の協力が不可欠です。

見出し、拡大文字も課題

新聞は記事の表現を変えても、見出しがいまと変わらなければ、読者の印象は大きく違わないでしょう。

「裁判員の頭のなかに残っているのは見出し」(最高裁幹部)という指摘もあります。見出しは記事で伝えるニュースを簡潔に、しかもわかりやすく表現しなければならないとされています。

多くの新聞は見出しにも「容疑」や「疑い」を入れるようになりましたが、さらに断定的な印象を持たれない工夫が求められています【注53】。

ところで、事件報道の表現を見直すうえで、最近大きな問題が起こりました。各紙がいっせいに始めた文字の拡大です【注54】。

記事の量は数％少なくなり、「裏付け捜査を進めている」などとつけ加

から流される膨大な情報、マスコミ独自の取材と称する膨大な情報に対し、弁護人が被疑者の言い分として流す情報はあまりにも少ない。「往生際が悪い」、「嘘をついている」などと報道されることは目に見えている〉と述べています。『法と民主主義』四二三号(二〇〇七年十一月)の「マスコミと弁護活動」。

【注52】広島の女児殺害事件の弁護人を務めた今枝仁弁護士は容疑者と接見後、取材に応じたことについて、容疑者の言い分をゆがめた捜査側発表に反論できるほか、捜査機関による誤導、威迫を防いだり、報道が裁判官に与える予断の排除につながったりするメリットを指摘しています。『季刊 刑事弁護』二〇〇六年夏号の「広島女児殺害事件弁護団のマスコミ対応と考え方」。

【注53】毎日新聞は二〇〇〇年、警視庁がオウム真理教(アレフに改称)の女性信者の手帳を押収し、そこにサリン製造法にかかわる記載などがあったことを「サリン研究を継続」と

えると、ほかの記事にしわ寄せがいきます。小さい事件のベタ記事も、それぞれの地域では大切な情報なので、事件の内容を書き込む事件とそうでない事件で、メリハリをつけるという考え方が有力のようです。

一方、事件報道の表現見直しについて、読者・視聴者に「記事で情報の出所や取材先の主語を明記しているのは、どこが発表したニュースか、誰の見方かという記事の性格をわかってもらうためです」などと説明しないと、効果が少ないかもしれません【注55】。

傲慢さ、軽率さたしなめる

最後に、山口県光市の母子殺害事件を報じたテレビ番組に対し、BPOの放送倫理検証委員会が二〇〇八年四月に公表した意見について述べます。

検証委員会は、裁判を被害者の遺族と弁護団の攻防であるかのように描き、弁護団を一方的に非難したとし、「きわめて感情的に制作されていたという印象をぬぐえない」、「公平で正確な情報提供という観点から大きく外れた内容だった」と、きびしく批判しました。

刑事裁判への知識不足を指摘して「真実はすでに決まっている、と高《たか》をくくった傲慢《ごうまん》さ、あるいは軽率さはなかっただろうか」、「取材し、考察し、表現する者の存在感が希薄である」と番組制作者の姿勢にも疑問を呈しま

いう見出しで報じました。教団側が「サリンの研究を続けているような印象を与える」として裁判を起こし、二審の東京高裁は「見出しだけを読む読者に対し、サリン研究が続くような印象を与えた」と判断しました。同じ内容の記事で、朝日新聞の見出しは「サリン化学式、信者がメモ」、読売新聞の見出しは「オウム信者のサリンメモ押収」でした。

【注54】一ページは十五段にわけられてきましたが、各紙は十二段にしたり、十五段で一行の字数を少なくしたりして文字を拡大しました。

【注55】メディアの伝える情報をみずからの判断で取捨選択し、必要な情報のみを受け取る能力は「**メディアリテラシー**」と呼ばれ、重要性が指摘されています。

した。さらに、裁判員制度に向けて「好き嫌いや、やられたらやり返せ式の実感を裁判に持ち込むことではないはずである。それでは法以前の状態への逆戻りである。だが、テレビはいま、そうしたゆきすぎた実感の側に人々を誘い込んでいないだろうか」と問いかけています**【注56】**。

Ⅲ章などで法曹の内向性や尊大さなどを指摘しましたが、じつは私をふくめ報道に携わる者の側にも、同じような問題点があるようです。

裁判員制度を一つのきっかけとして、どちらも改めていけば、司法と報道への信頼や支持が高まるのではないでしょうか。

【注56】意見書は放送倫理検証委員会のＨＰ(http://www.bpo.gr.jp/kensyo/index.html)。検証は二〇〇七年十一月、「『光市事件』報道を検証する会」が差し戻し控訴審を報じた番組について求めました。放送倫理検証委員会は八放送局の二十番組計三十三本の録画を約七時間半にわたって視聴し、制作スタッフから聴き取り調査しました。ＮＨＫは「私どもの番組には(意見は)当たらない」と反論しています。

裁判員制度の関連年表

年 月	
1947. 5	日本国憲法、裁判所法、検察庁法が施行され、独立した司法権確立
49. 9	弁護士法が施行され、弁護士会の自治など確立
64. 8	政府の臨時司法制度調査会が法曹の増員、裁判官・検察官の給与引き上げなど提言
90. 5	日本弁護士連合会が「司法改革に関する宣言」を決議
94～	経済団体が相次いで司法改革を求める提言
97～	政府の行政改革会議、経済戦略会議、規制改革委員会などが司法改革を求める提言
98. 6	自民党司法制度特別調査会が司法制度改革のための審議会設置を求める報告書
99. 7	政府の司法制度改革審議会が発足
2000. 9	最高裁判所は市民に評決権のない参審制度を提案したが、同審議会は評決を持つ市民が参加する裁判制度の導入を決める
01. 1	同審議会で、裁判に参加する市民を「裁判員」と呼ぶことが提案される
6	同審議会が小泉純一郎首相に意見書提出、裁判員制度の導入を提言
12	政府の司法制度改革推進本部が発足
02. 2	同推進本部裁判員制度・刑事検討会が裁判員法案などの原案策定作業を始める
03. 3	同推進本部が事件報道で予断・偏見を生じさせない配慮を求める“偏見条項”を提案
5	日本新聞協会などが同検討会で“偏見条項”の削除を求め、自主ルール作成を表明
12	与党が報道機関の自主的取り組みを踏まえ、事件報道の規制を当面見送る方針を表明
04. 1	与党協議で裁判員裁判の合議体が原則裁判員６人、裁判官３人と決定
3	政府が裁判員法案や改正刑事訴訟法案を国会に提出
5	裁判員法や改正刑事訴訟法が成立
05. 6	最高裁が改正刑事訴訟規則を制定
06.11	最高裁が裁判員選任手続きのイメージ案を公表
07. 5	裁判員裁判に部分判決制度などを盛り込んだ改正裁判員法が成立
7	最高裁が裁判員裁判の規則を制定
08. 1	政府が裁判員の辞退事由を定める政令を制定、新聞協会は「裁判員制度開始にあたっての取材・報道指針」を公表
4	政府が裁判員法の施行日を２００９年５月21日とする政令を制定

竹田昌弘

1961年富山県生まれ．85年早稲田大学法学部卒．毎日新聞記者などを経て，92年に共同通信記者となり，宇都宮支局と編集局社会部に在籍．社会部では，検察，裁判，警視庁，法務省などを担当した．2005年社会部次長，09年社会部編集委員，13年6月から報道基盤戦略室次長兼編集局編集委員．共著に『避難する権利　それぞれの選択』，『裁判員時代に死刑を考える』(岩波ブックレット)や『銀行が喰いつくされた日』(講談社＋α文庫)などがある．

知る、考える 裁判員制度　　岩波ブックレット727

2008年6月5日　第1刷発行
2013年10月25日　第5刷発行

著　者　竹田昌弘《たけだまさひろ》

発行者　岡本　厚

発行所　株式会社 岩波書店
〒101-8002 東京都千代田区一ツ橋2-5-5
電話案内 03-5210-4000　販売部 03-5210-4111
ブックレット編集部 03-5210-4069
http://www.iwanami.co.jp/hensyu/booklet/

印刷・製本　法令印刷　　装丁　副田高行　　表紙・本文イラスト　藤原ヒロコ

ISBN 978-4-00-009427-6　　Printed in Japan

索　引

た行

な行

は行

ま行

や行

ら行

わ行